benessere tecnologia società



Carmine Clemente

# La salute prima di tutto

## Art. 32 della Costituzione italiana: testo integrale del dibattito costituente e attualità di un'analisi sociologica

FrancoAngeli

Progetto grafico di copertina Alessandro Petrini



| Ristampa | Anno |
| --- | --- |
| 2 3 4 5 6 7 8 9 | 2024 2025 2026 2027 2028 2029 |



Stampa: Geca Industrie Grafiche, Via Monferrato 54, 20098 San Giuliano Milanese

# collana benessere tecnologia società

**Direzione scientifica:** Antonio Maturo (Università di Bologna)

Lo sviluppo tecnologico appare oggi in accelerazione esponenziale, soprattutto grazie al digitale. Comunicazioni, pratiche sociali e culture si presentano come forme simboliche sempre più elusive, evanescenti e cangianti. L'ambito della salute è una delle dimensioni più investite dalle scoperte e dalle nuove applicazioni. Possiamo utilizzare lo smartphone per curarci, fare prevenzione, migliorarci. In generale, possiamo raccogliere big data su noi stessi. Ovviamente, anche le organizzazioni e le professioni si giovano delle nuove possibilità. Parallelamente, il discorso sulla salute si estende oltre la medicina e la malattia per abbracciare le dimensioni dello stare bene e della qualità della vita. In altri termini, accanto alla cura, prendono corpo interventi istituzionali, aziendali e di altre organizzazioni volti ad accrescere il benessere (well-being) delle persone e la loro felicità. Non va tuttavia dimenticato che il "soluzionismo tecnologico" non ha inciso molto sulle grandi e gravi diseguaglianze sociali e che i bramini della rete hanno spesso alimentato aspettative irrealistiche. La stratificazione sociale condiziona ancora pesantemente i destini individuali.
In questo contesto, la Collana BTS – aperta anche a tematiche relative al welfare e al benessere sociale nella sua accezione più ampia – attraverso contributi sociologici rigorosi, ma scritti con uno stile divulgativo, vuole proporre modelli teorici, ricerche empiriche e strumenti operativi per analizzare e intervenire su questa mutevole realtà sociale.



I manoscritti proposti sono sottoposti a referaggio in doppio cieco.

I lettori che desiderano informarsi sui libri e le riviste da noi pubblicati
possono consultare il nostro sito Internet: *www.francoangeli.it* e iscriversi nella home page
al servizio "informazioni" per ricevere via e-mail le segnalazioni delle novità
o scrivere, inviando il loro indirizzo, a: "FrancoAngeli, viale Monza 106, 20127 Milano".

# *Indice*

| | | |
|---|---|---|
| **Introduzione** | pag. | 9 |
| **1. Welfare, solidarietà e diritto sociale della salute. Quali prospettive dall'art. 32?** | » | 13 |
| 1.1 Premessa | » | 13 |
| 1.2 L'attuale contesto socio-economico | » | 13 |
| 1.3 Tendenze e prospettive di *welfare* | » | 14 |
| 1.4 Diritti sociali, vincoli finanziari e solidarietà | » | 17 |
| 1.5 Considerazioni conclusive | » | 26 |
| **2. Regionalizzazione dei sistemi sanitari e principio di sussidiarietà** | » | 29 |
| 2.1 Premessa | » | 29 |
| 2.2 Le regioni nella Costituzione italiana | » | 30 |
| 2.3 Welfare territoriale e integrazione dei servizi | » | 31 |
| 2.4 La questione del decentramento nel dibattito costituente | » | 35 |
| **3. Salute e dibattito dell'Art. 32. Analisi sociologica** | » | 39 |
| 3.1 L'evoluzione normativa della salute vista dal sociologo | » | 39 |
| 3.2 Igiene, prevenzione, teoria del miglioramento, fiducia del paziente | » | 41 |
| **Art. 32 della Costituzione Italiana. I lavori preparatori dell'assemblea Costituente** | » | 63 |
| 1. L'Assemblea Costituente | » | 63 |
| 2. Adunanza plenaria di sabato 25 gennaio 1947 | » | 63 |
| 3. Adunanza plenaria di martedì 28 gennaio 1947 | » | 64 |
| 4. Seduta di martedì 4 marzo 1947 | » | 67 |

| | | |
|---|---|---|
| 5. Seduta di mercoledì 5 marzo 1947 | pag. | 69 |
| 6. Seduta di sabato 8 marzo 1947 | » | 70 |
| 7. Seduta di giovedì 17 aprile 1947 | » | 71 |
| 8. Seduta di venerdì 18 aprile 1947 | » | 72 |
| 9. Seduta di sabato 19 aprile 1947 | » | 73 |
| 10. Seduta di lunedì 21aprile 1947 | » | 74 |
| 11. Seduta di martedì 22 aprile 1947 | » | 81 |
| 12. Seduta di mercoledì 23 aprile 1947 | » | 89 |
| 13. Seduta di giovedì 24 aprile 1947 | » | 90 |
| **Bibliografia di riferimento** | » | 119 |
| **Appendice. I padri costituenti che hanno partecipato alla costruzione dell'Art. 32** | » | 123 |

*Ai miei fratelli*
*Natale, Mauro e Giuseppe*

# *Introduzione*

Il libro propone una rilettura degli atti dell'Assemblea Costituente sulla costruzione dei principi enunciati e sintetizzati nel testo dell'art. 32 della Costituzione che sancisce il cd. "diritto alla salute".

In esso è ricostruito in ordine cronologico, come unico testo, l'intero dibattito che si è svolto lungo tutto l'anno 1947, a partire dalla seduta del 25 gennaio e susseguitosi per altre 12 sedute fino all'approvazione del testo finale, avvenuta il 22 dicembre dello stesso anno.

Il libro tende a mettere in luce il dialogo avutosi tra i costituenti – così come "schierati" a talune parti politiche e ciascuno portatore di differenti ideologie – e prova a rispondere a talune domande: perché si arrivò proprio a quel testo? Quali furono le proposte alternative formulate, discusse, modificate e quali respinte?

Esaminando gli atti dell'Assemblea Costituente è emerso subito che i diversi e contrapposti schieramenti politici con le loro diverse culture solidaristiche cristiano-cattolica, comunista e socialista, hanno inteso appieno come su un principio così importante fosse necessario (Aldo Moro, 1947:2):

> *essere uniti nell'atto di costruire una casa nella quale tutti devono ritrovarsi ad abitare insieme.*

L'art. 32 è la fonte e la base da cui trae legittimazione tutta la legislazione sanitaria intervenuta in Italia fino ad oggi, e da cui continuerà a trarre legittimazione fino a quando non vi saranno modifiche del proprio disposto.

In esso sono sanciti i principi che caratterizzano il SSN come sistema universalistico delle cure per tutti coloro (individui) che sono presenti in un dato momento nel territorio nazionale.

La tutela della salute diventa, in questa sede e in questo momento storico, un reale diritto sociale, ne sostanzia i diritti di cittadinanza e di autodeterminazione (II comma), rende visibile e concreto il principio di solidarietà.

Il disposto normativo dell'art. 32 e tutto il dibattito ad esso sotteso costituiscono fonti di inesauribile ricchezza per l'analisi del contesto culturale e sociale dell'immediato II dopoguerra del secolo scorso.

La loro lettura ci conduce e ci lascia viaggiare nel tempo storico tra i più significativi e rivoluzionari dell'identità politica, sociale e culturale del nostro Paese.

Il dibattito sull'affermazione del diritto alla tutela della salute è intenso, vede partecipi molti onerevoli costituenti (per es. Moro, Calamandrei, Leone, Maffi, Spallicci) e discerne con un'attualità sconvolgente su tutti gli aspetti che caratterizzano oggi le riflessioni e i dibattiti delle diverse scienze/discipline che si occupano di salute.

Ad esempio, senza scopo di esaustività, l'autonomia regionale sanitaria e la centralità dell'indirizzo unitario nazionale; la tenuta e la sostenibilità del SSN; il carattere universalistico e solidaristico; la gratuità delle cure come postulato della libertà dell'individuo; la tutela della salute sia come diritto fondamentale dell'individuo sia come un interesse generale di tutta la società; la tutela della salute è una delle più alte funzioni dello Stato ed uno dei diritti più sacrosanti del cittadino; la grandiosità del problema della salute pubblica quale suprema lex della Repubblica; nella tutela della salute è implicata anche la prevenzione; ogni individuo ha il dovere di tutelare la propria sanità fisica anche per il rispetto della stessa collettività; tutti devono avere diritto all'assistenza sanitaria e vi dev'essere uguaglianza fra tutti i cittadini (art. 3 Cost.); il riconoscimento dell'importanza del ruolo sociale del medico e della relazione medico-paziente; il principio di autodeterminazione.

La prospettiva sociologica trova indubbiamente uno spazio enorme di lettura e analisi del rapporto tra medicina e società, a partire dal suo livello macro dell'ambiente metafisico e astratto fino – seguendo l'idea alexanderiana del continuum scientifico – a quello micro dell'ambiente empirico e concreto. La salute di un individuo (come di un gruppo sociale) passa, detto in altri termini, dalla qualità ecologica di un ambiente inteso in senso ampio (sociale, politico, culturale, economico) alle situazioni concrete dei processi di cura e delle relazioni/interazioni intersoggettive.

Si pensi, ad esempio, ai temi del dialogo nel rapporto tra medici e pazienti.

Ma l'ampiezza del dibattito e l'importanza dell'art. 32 della Costituzione non permettono gabbie disciplinari e/o tematiche stratificate.

Come affermava il costituente On. Merighi (24 aprile 1947):

> *... il problema sanitario ha importanza fondamentale per la nostra costituzione sociale, al quale occorrerà attenersi come principio di libertà fondamentale dell'uomo....le condizioni sanitarie della popolazione devono essere considerate come reali diritti sociali;...la salute è il primo requisito essenziale per la libertà dell'individuo. Un individuo malato o minorato nelle sue capacità fisiche e intellettuali, indubbiamente, non è più un uomo libero. Ecco perché noi, volendo che il problema sanitario entri nella Costituzione italiana, intendiamo anche attenerci ad un principio di libertà fondamentale dell'individuo.*

Emerge subito con forza, oltre l'attualità e la chiarezza del disposto costituzionale, che la salute è un diritto sociale fondamentale dell'individuo, considerato sia come persona, sia come individuo appartenente ad un sistema organizzato in società. Lo Stato deve attuare questo principio fondamentale anche come interesse generale di tutta la società. La potenza del tema della libertà fondamentale dell'individuo è indissolubilmente legata alla salute dell'individuo stesso e alla funzione sociale che il sistema sanitario è chiamato a svolgere per dare effettività a questo reale diritto sociale.

Naturalmente, le suggestioni a riflessioni sociologiche sono numerose e ne saranno sviluppate – nei primi tre capitoli della I parte del libro – solo alcune che affrontano i temi dei sistemi di welfare a garanzia dei diritti sociali, della loro sostenibilità e compatibilità con il principio di solidarietà; le caratteristiche e l'evoluzione degli aspetti regolativi e organizzativi del SSN sulla base dei principi affermati nel dibattito costituente, in particolare quelli sull'autonomia delle regioni in materia sanitaria e della riserva a favore dello Stato del cosiddetto indirizzo unitario nazionale, di cui i LEA costituiscono il baluardo imprescindibile a garanzia del carattere universalistico e della gratuità delle cure agli indigenti, come previsto nel I comma dell'art. 32; dell'importanza e sensibilità costituente affermata sui temi della prevenzione, del rapporto tra scienza e medicina e della "fiducia" tra medico e paziente.

Nella II parte del libro seguirà, come unico testo intervallato solo dalle date delle rispettive sedute, tutto il dibattito sulla costruzione dell'Art. 32 della Costituzione Italiana che, è bene ricordare, nel Progetto di Costituzione era rubricato come Art. 26.

L'auspicio dell'autore è quello di suscitare l'interesse dei lettori e soprattutto lo sviluppo di altre riflessioni e altri punti di vista a partire dalle fondamenta del dibattito sull'art. 32 della Costituzione, dibattito plurale in cui emergono i conflitti ideologici e politici, le spinte al "compromesso", le incertezze e, infine, le speranze verso il futuro del paese e degli italiani.

Il diritto alla tutela della salute è sancito nell'art. 32 della Costituzione, ed è collocato nel titolo dei Rapporti etico-sociali. Così recita:

> *La Repubblica tutela la salute come fondamentale diritto dell'individuo e interesse della collettività, e garantisce cure gratuite agli indigenti.*
> *Nessuno può essere obbligato ad un determinato trattamento sanitario se non per disposizione di legge. La legge non può in nessun caso violare i limiti imposti dal rispetto della persona umana.*

# *Welfare, solidarietà e diritto sociale della salute. Quali prospettive dall'art. 32?*

## 1.1 Premessa

I cittadini delle nostre società avanzate non accettano più rinunce alle loro libertà per conseguire più elevati standard di tutela e protezione dai rischi. Quando il perseguimento della sicurezza sociale entra in rotta di collisione con l'allargamento degli spazi di libertà è l'efficienza stessa a risentirne. Emerge, così, un modello di società che si caratterizza per il suo incalzare la sostenibilità finanziaria dello stato sociale ed il rischio della riduzione dei diritti ai servizi socio-sanitari.

## 1.2 L'attuale contesto socio-economico

Ancor prima di analizzare i diritti della persona, ed in particolare quello alla salute, che viene descritto dalla Costituzione italiana come fondamentale (art. 32), è necessario soffermarsi sulla situazione sociale ed economica, che riguarda sia l'Italia sia i paesi dell'Unione europea e dell'impatto che essa sta avendo sui sistemi di welfare.

Un primo punto di dibattito che tiene alta l'attenzione nei contesti internazionali è quello inerente la tutela della salute e l'apparente paradosso che coinvolge prioritariamente due dimensioni: il progresso scientifico e tecnologico – che è in grado di affrontare e risolvere problematiche sempre più complesse riguardanti la salute e il progressivo invecchiamento della popolazione – e la crescita esponenziale dei bisogni di salute e di assistenza. Se nel decennio che seguì il secondo conflitto mondiale la mortalità precoce e le sue cause erano considerate uno dei prioritari problemi socio-sanitari, oggi, paradossalmente sta diventando un problema questo nostro "vivere a lungo".

Questo dibattito conduce, inevitabilmente, ad affrontare il tema politico della sostenibilità-compatibilità dei sistemi di welfare.

Un secondo punto di dibattito è costituito dalla politica economico-monetaria dell'Unione europea e del vincolo imposto (*fiscal compact*) ai governi nazionali nel rispettare misure rigorose per quanto concerne il livello di finanziamento, di disavanzo e di spesa pubblica, che ha portato alla riduzione dei servizi di assistenza in tutti i paesi europei, specie nel settore della cura e dell'assistenza a lungo termine e dei servizi per gli anziani. Si tratta di un processo antecedente e indipendente dalla recessione economica degli ultimi anni, i cui effetti negativi hanno ulteriormente inciso sul livello della spesa pubblica dei paesi a favore dei sistemi di protezione sociale.

Questo dibattito conduce soprattutto a due temi politici tra loro collegati. Gli stati europei e l'UE sono chiamati rispettivamente all'attuazione e all'effettività sia dei diritti di cittadinanza sociale, previsti nelle rispettive Costituzioni, sia di azioni di protezione, inclusione sociale e contrasto alle disuguaglianze in ambito più europeo. Se la politica è chiamata in un primo momento a fare delle scelte e a darsi delle priorità, parimenti è chiamata ad un'operazione di razionalizzazione delle risorse che, anche attraverso l'elaborazione di nuovi modelli di governance, sia in grado di assicurare maggiore efficienza ed efficacia, in special modo, per i servizi socio-sanitari.

Su questi due temi principali seguirà, sullo sfondo del dibattito costituente sull'art. 32 della Costituzione, un'analisi più approfondita tenendo conto, naturalmente, dell'evoluzione dei sistemi di welfare nella transizione verso la cosiddetta modernità, caratterizzata, per gli aspetti qui affrontati, dall'ampliamento delle libertà e dalla rivendicazione di diritti individuali, interpretati spesso in antinomia con il concetto-valore della solidarietà.

## 1.3 Tendenze e prospettive di welfare

Nella transizione verso la fase post-fordista, per Giddens (1997) nasce l'esigenza – da sempre il ***proprium*** dei vari istituti del welfare – di proteggere il cittadino dalle avversità connesse agli andamenti erratici del ciclo economico e agli eventi dei corsi di vita (Dewilde, 2003) delle persone (perdita del lavoro, perdita della salute, solitudine).

A tal proposito, A. Giddens mostra, con dovizia di particolari, come il passaggio dal rischio esogeno a quello endogeno obblighi a pensare in termini di un sistema di "welfare positivo", capace cioè di aggredire i problemi "della politica della vita", attraverso una mobilizzazione di decisioni di vita. Il passaggio dalla fase fordista a quella post-fordista della società industriale è mutata e va mutando la natura propria dei rischi che lo stato sociale ha inteso, fin dall'origine, combattere. Non a caso l'arco temporale che va dal secondo dopoguerra ai primi anni '70 del secolo scorso è stato definito welfare fordista (Rodger 2000: 27), ossia come periodo caratterizzato da un modello di Stato sociale di tipo europeo che riusciva, come sistema pubblico, a garantire sicurezza sociale in un contesto di piena occupazione e sviluppo economico. Lo stato viene legittimato, in questo quadro, ad occuparsi di compiti che tradizionalmente spettavano alla famiglia o alle comunità locali.

Allo stesso tempo, però, il processo di modernizzazione ha colpito il principio di solidarietà nelle società occidentali, mettendo in moto un processo di individualismo, all'interno di una cornice di riferimento che non può prescindere dalla libertà e dalla responsabilità individuale e collettiva.

In questo senso il *welfare state* moderno, secondo l'interpretazione di Ignatieff, viene visto come un tentativo di conciliare l'antinomia della libertà e della solidarietà (Ignatieff, 1990:136), due valori fondamentali alla base della democrazia, che però sembrano descrivere mondi sociali diversi.

La visione solidaristica della vita sociale può sembrare, solo apparentemente, limitativa della libertà; in realtà, a ben vedere, si può affermare che la conquista delle libertà individuali, prima fra tutte quelle dal bisogno, sia stata la conseguenza positiva dell'affermarsi di modelli solidaristici ed universalistici. Nel corso degli ultimi secoli l'importanza di strutture tradizionali quali la classe, la religione, la famiglia, nel lasciare spazio alla vita individuale, si è ridimensionata. Sostanzialmente, lo stato sociale moderno è stato plasmato da questo sviluppo evolutivo del processo di individualismo.

Nella prospettiva relazionale, l'individualismo si riferisce all'instabilità crescente o alla mutevolezza delle relazioni sociali personali e intime che, se in un primo periodo ha eroso le comunità locali e le reti familiari estese, oggi insidia l'ultimo bastione della società tradizionale, la famiglia nucleare. Il processo di individualismo ha portato non solo ad un numero crescente di diversi tipi di famiglia, ma anche un aumento di divorzi e la rottura di altri rapporti intimi (Ardigò, 2006).

Le dinamiche familiari, da questo punto di vista, non sono più presentabili attraverso il concetto di ciclo lineare di vita della famiglia, ma si connotano come fenomeni a spirale (Combrinck, Graham, 1985), segnati da cambiamenti che ristrutturano nuovi legami familiari nel percorso di vita dell'individuo e che indeboliscono la solidarietà intergenerazionale. Si tratta, in concreto, dell'onere che viene lasciato ai gruppi più giovani nel contribuire alle spese necessarie per soddisfare le esigenze delle generazioni più anziane.

L'invecchiamento di popolazione e aumento delle malattie a lungo termine determinano costi più elevati per il finanziamento della sanità, mentre allo stesso tempo la fascia dei giovani, in diminuzione, è chiamata a trasferire gran parte del proprio reddito per la fiscalità necessaria al mantenimento dei servizi di assistenza. Sostanzialmente si richiede alle giovani generazioni un prelievo di solidarietà per finanziare l'assistenza agli anziani.

Meulen e Muffels (2001) parlano, in questo senso, del rischio di una vera e propria frattura intergenerazionale. Infatti, come emerge da una ricerca effettuata nei Paesi Bassi, una parte crescente della popolazione olandese ha dichiarato, a fronte della richiesta di pagamento di maggiori premi assicurativi per sostenere i servizi sanitari, che non tutti dovrebbero avere diritto alle stesse cure mediche, soprattutto se questi trattamenti sono molto costosi. Risultati analoghi sono stati registrati da Castelli e Culyer (2003) in una ricerca su cittadini inglesi, che si sono espressi largamente favorevoli circa l'ipotesi dell'introduzione di criteri espliciti per il razionamento dei servizi sanitari.

Un ulteriore fattore a favore dello svuotamento della solidarietà nei sistemi di welfare è segnato dallo sviluppo della logica della co-contribuzione diretta dei costi sanitari e sociali per i servizi. Si va, quindi, nella direzione della maggiore attribuzione di responsabilità individuale per la sostenibilità del finanziamento dei servizi sociali e sanitari, in corrispondenza di una minore responsabilità collettiva.

Questa pratica, in uso e in aumento in molti paesi UE, viene in parte giustificata al fine di rendere l'individuo più consapevole dei propri consumi di servizi e prodotti sanitari, auspicando così un comportamento degli individui più responsabile e più pro-attivo nella conservazione del proprio benessere fisico e mentale.

Un fattore incidente, in questo senso, è costituito dal cosiddetto consumerismo, ossia dallo sviluppo (Conrad, 2009:47) di un ruolo più attivo degli individui nella gestione della salute, favorito anche dalla diffusione di internet e dalla facilità di acquisizione di informazioni, che ha determinato un aumento della domanda in una situazione contrapposta di riduzione delle risorse.

Diversamente dalla prospettiva moderna dei sistemi di welfare, quella antimoderna precorsa dall'economista e filosofo austriaco Von Hayek (2008), critica il welfare state proprio per l'assenza del ruolo della famiglia e della sua precipua funzione di garantire l'ordine sociale e senza la quale scaturisce, invece, una società atomizzata (Popenoe, 1998; Rodger, 2000).

Il dibattito sull'evoluzione societaria, in relazione ai sistemi di welfare, si arricchisce con la posizione dei sostenitori del postmodernismo, del quale si fa solo un rapido cenno. Precorsa da Wright Mills (1959), in questo filone si sottolinea la necessità di adeguare il welfare ai nuovi vincoli imposti dall'attuale società dell'informazione, dominata dalle nuove tecnologie e che vede sempre meno possibilità occupazionali per i soggetti poco qualificati o con un modesto patrimonio di competenze (Rodger, 2000:40). Il progetto postmoderno sul welfare (Leonard, 1997) prevede una maggiore iniziativa di emancipazione degli individui e dei gruppi sociali con la diretta partecipazione al dialogo pubblico sulle finalità del welfare e sulla definizione dei bisogni e delle priorità di intervento.

## 1.4 Diritti sociali, vincoli finanziari e solidarietà

Appare sempre più utile il riferimento al concetto di solidarietà in un momento particolare in cui il welfare vive un'esistenza incerta e tende a diventare qualcosa di residuale.

Nell'art. 2 della Costituzione italiana, ad esempio, si riconoscono e si garantiscono i diritti inviolabili dell'uomo, cioè i suoi diritti di natura, che precedono il diritto positivo, delineato secondo le diverse epoche e maggioranze politiche, perché nascono con l'uomo.

Nello stesso tempo, però, il medesimo articolo richiede alla persona l'adempimento di una serie di doveri ai quali non può sottrarsi, primo fra tutti quello alla solidarietà, declinata nelle sue diverse modalità: politica, economica e sociale. Inoltre, l'art. 3 attribuisce allo Stato il compito di rimuovere gli ostacoli di ordine economico e sociale che, limitando di fatto la libertà e l'eguaglianza dei cittadini, impediscono il pieno sviluppo della persona umana e l'effettiva partecipazione di tutti i lavoratori all'organizzazione politica, economica e sociale del Paese.

Il costituente italiano ha giustamente richiamato la solidarietà sociale, in quanto di fondamentale importanza per poter costituire un "patto sociale" grazie al quale, ogni società moderna può, come aveva sostenuto agli inizi del Novecento Émile Durkheim (1963), strutturarsi organicamente.

La solidarietà perciò, diventa il comune denominatore, il collante necessario affinché società sempre più complesse possano, oltre ad affermare il riconoscimento e le garanzie dei diritti, far sì che certi diritti, come quello alla salute, non subiscano un affievolimento.

In ambito UE il concetto di solidarietà viene interpretano esclusivamente come l'obbligo di aiutare paesi che hanno disatteso i loro impegni, e quindi in senso negativo.

Pur essendo concetti tra loro collegati, la solidarietà è cosa diversa dalla giustizia, (in senso morale o giuridico) proprio perché si caratterizza per un comportamento che va al di là di ciò che un soggetto sarebbe tenuto a fare su un piano strettamente giuridico o morale. Inoltre, il comportamento solidale (Habermas, 2014) si differenzia da quello etico in quanto si riferisce, e si lega, più alle trame della comunità intesa in senso politico che al nesso prepolitico di vita, come ad esempio la famiglia.

La solidarietà, quindi, va intesa nel discorso qui affrontato come una comune forma di vita politica per la condivisione di interessi anche personali, quale ad esempio la cura e l'assistenza.

Nella storia dello Stato sociale abbiamo visto come le aspettative di solidarietà possano trasformarsi in pretese giuridiche. Solo la politica di un legislatore, che sia sensibile alle pretese normative di una cittadinanza democratica, può trasformare le richieste di solidarietà in veri e propri diritti sociali.

Quando le logiche del mercato e le ristrettezze economiche invadono l'area dei diritti si ripresenta, fatalmente, una modalità di agire che si richiama alla politica dei "due tempi" e cioè: c'è un tempo per l'economia e un tempo per i diritti.

È importante riflettere su cosa comporta una simile dicotomia. Innanzitutto comporta la convinzione che i diritti arrivano quando le condizioni economiche lo permettono, quasi a voler giustificare un lusso aggiuntivo elargito solo in particolari situazioni.

Perciò, quando ciò avviene, e noi stiamo assistendo ad una lenta deriva in questo senso, non è in atto solo e semplicemente un conflitto in termini teorici tra diritto ed economia, ma questa disputa si incarna nella vita delle persone, che vedono minare le loro certezze, prima fra tutte la tutela della salute.

La società del rischio, descritta dal sociologo tedesco Ulrick Beck (2013), ha anche questi connotati drammatici, ai quali sembra ci si debba adeguare, se non avviene un'inversione di rotta, che pone al centro dell'interesse sociale l'uomo, con le sue necessità e problematiche. La scienza non può soddisfare le esigenze della scienza, ma nasce per soddisfare i bisogni dell'uomo.

Ma se lasciamo che la logica economica invada la sfera dei diritti assisteremo ad una loro amputazione, con un evidente ritorno ad un passato in cui lo stato di diritto era ancora da venire. Qualsiasi diritto, ma primo tra tutti il diritto alla salute, quando è subordinato ad una logica economicistica, diventa, inevitabilmente, un lusso, che solo pochi possono permettersi. Diventa così qualcosa di cui non possiamo godere in periodi di difficoltà, accentuando così le differenze sociali e le disuguaglianze, che di conseguenza comportano un incremento del disagio e della tensione sociale.

Certo, i diritti costano, ma non per questa ragione devono subire un affievolimento. I criteri di utilizzazione delle risorse da parte degli stati, in fondo, sono stabiliti sempre per scelte politiche, perciò non sono un problema in sé, ma lo diventano per scelta.

Anche un diritto fondamentale, come il diritto di voto o il diritto alla giustizia, ha un costo, ma non per questo possiamo immaginare di poterne fare a meno e di consentirlo solo quando la congiuntura economica si presenta più favorevole.

Appare evidente come, in effetti, questa argomentazione non possa essere sostenuta per giustificare una riduzione dei livelli di tutela dell'intera organizzazione sociale, la quale vede al suo centro il cittadino, titolare di diritti sociali. La particolarità di questi diritti non risiede solo nel fatto che essi sono qualitativamente diversi dagli altri, ma nel loro costo e, quindi, appare giustificabile imporre un loro ridimensionamento anche alla luce di un loro contemperamento con i doveri sociali.

Questa tendenza, sembra trovare giustificazione nella crisi economica che ha coinvolto i Paesi dell'area euro, perché il diritto alla salute ha un costo e in quanto tale deve essere proporzionato alle risorse disponibili.

Per Buchanan e Congleton (2002), a ben vedere, l'applicazione in sede UE di schemi universalistici in ambito sanitario e nei sistemi di welfare è anche auspicabile. Questa tesi è basata sull'idea che una democrazia stabile può sopravvivere solo se i suoi programmi di welfare si ispirano a principi di "generalità", cioè di universalismo. L'argomento è, in breve, il seguente.

Programmi di welfare che discriminano fra i gruppi sociali, sottoponendo i cittadini alla cosiddetta prova dei mezzi e agendo o sul versante della tassazione oppure su quello dei trasferimenti, finiscono per indebolire il sostegno della società all'intero processo politico. Infatti, l'adozione di tali programmi generano incentivi, tra la popolazione, a investire risorse per assicurarsi trattamenti di favore o per proteggersi da trattamenti penalizzanti. Ciò comporta il rischio di erodere quel patto di solidarietà che è il cemento di una democrazia stabile.

Borgonovi ha analizzato come (2003:3) «Dopo la crisi scoppiata nel 2007 le politiche nei sistemi di tutela della salute dei Paesi europei [...] e della maggior parte dei Paesi siano state motivate principalmente dalle esigenze di breve periodo e dalla prevalenza dei criteri economici».

La rilevanza delle variabili istituzionali, politiche ed economico-finanziarie, ritornano anche nella teorizzazione proposta da Streeck (2000), secondo cui nei paesi dell'area europea sono proprio queste variabili ad impedire che il processo di centralizzazione e coordinamento europeo riesca a spingersi oltre la costruzione del mercato e per questo, molto probabilmente, le politiche di solidarietà rimarranno competenza degli Stati nazionali. Ma le istituzioni preposte alla definizione di queste politiche sono sempre più inserite in un contesto di competizione internazionale (Ferrera, 2000) e sempre più vincolate da istituzioni sovranazionali deputate a proteggere il mercato internazionale.

Il risultato di questi processi è che (Streeck, 2000:13) «se le fondamenta politico istituzionali della solidarietà continuano ad avere un carattere nazionale, la sua sostanza si sta rapidamente trasformando sotto le pressioni di una competizione sempre più intensa».

I diversi paesi europei tendono, quindi, ad adattarsi alla forte pressione competitiva, abbandonando un modello di solidarietà basato su politiche protezionistiche e redistributive per sostituirlo con uno basato su una solidarietà produttivista e competitiva (Clemente, 2012). Il nuovo modello di welfare europeo che, nell'interpretazione di Streeck, riflette una tendenza reale e allo stesso tempo rappresenta l'unica strada percorribile, ridefinisce l'uguaglianza dal lato dell'offerta (principalmente in termini di capitale umano e occupabilità) piuttosto che intervenire a posteriori nella correzione degli effetti distorsivi del mercato.

La coesione sociale si ristruttura, quindi, nella ricerca di uguali opportunità anziché di uguali risultati. Le politiche redistributive, ritenute troppo costose, tendono ad essere sostituite con politiche che investono nelle capacità individuali e, quindi, in capitale umano, e ciò al fine di contribuire sia alla produzione di ricchezza che all'incremento dell'equità e della giustizia. In questo senso si parla di «egualitarismo dal lato dell'offerta», poiché la responsabilità pubblica non rimanda alla correzione degli effetti distorsivi del mercato, ma è finalizzata a rendere ugualmente concorrenziali gli individui.

Il processo di omogeneizzazione non è spiegato, quindi, a partire dalle direttive poste dall'Unione europea, ma piuttosto è interpretato come il riflesso dei cambiamenti economici in atto che, in tutti i paesi europei, determinano la ridefinizione dei confini di una nuova solidarietà. In altre parole, l'emergente modello sociale europeo si sostanzia nel generale abbandono dei principi redistributivi e nella definizione dei confini di una nuova solidarietà competitiva.

Viene rilevato, ancora, come (Ferrera, 1993) l'istituzionalizzazione della solidarietà a livello europeo sia piuttosto ridotta e come la capacità delle istituzioni europee di incidere in tale settore siano esigue, soprattutto se paragonate alla capacità di influenza nella sfera economica e in quella monetaria.

Sotto l'occhio vigile della temuta Trojka formata da UE, BCE e FMI, le politiche di rigore imposte dal 2010 (solo nel 2018 si è avuto il salvataggio pieno di alcuni di questi paesi) dall'UE ad alcuni paesi europei ed in particolare a Grecia e Portogallo (anche Irlanda, Spagna e Cipro) hanno generato effetti drammatici per quanto riguarda l'accesso da parte dei cittadini ai servizi sanitari.

Quando affermiamo che un bisogno deve soddisfare la sua sostenibilità vuol dire (WCED, 1987): «soddisfare i bisogni del presente senza compromettere la possibilità delle generazioni future di soddisfare i propri bisogni»[1]. Per questa ragione in ambito sanitario sembra quanto mai opportuno una sanità pubblica, la cui conoscenza non può essere più (Matera, Baglio, 2013:3) «basata soltanto sulle prove scientifiche, ma costruita anche sui valori sociali e sul ruolo attivo dei portatori di interesse».

Se si parte da queste premesse appare evidente l'importanza del valore della solidarietà insieme a quello dell'equità e dell'universalità, che devono rispecchiarsi nei servizi, nei bisogni e nelle risorse, come gran parte della letteratura internazionale pone in evidenza.

Infatti, nel rapporto stilato nel 2002 dalla *Commission of the Future of Health Care*[2], in Canada, si legge che la sostenibilità all'interno di un sistema sanitario va vista come una effettiva garanzia affinché siano disponibili risorse sufficienti nel lungo periodo, in modo tale da fornire un accesso tempestivo a servizi sanitari di qualità, improntati sui bisogni dei cittadini.

Pertanto, l'equilibrio tra le componenti presenti nei sistemi sanitari diventa un parametro valutativo per poter offrire risposte opportune ed economicamente sostenibili ai bisogni, sempre crescenti di salute, di una popolazione più anziana. La conclusione alla quale giunge la *Commission of the Future of Health Care* serve per riflettere sulle spinte sempre più demolitrici del sistema di welfare, infatti afferma che «Un sistema sanitario è sostenibile tanto quanto un paese decide che lo sia».

A tale scopo, risulta fondamentale l'efficacia e l'efficienza dello Stato e dei suoi organi – anche secondo eventuali ed auspicabili criteri di tipo federativo – nel regolamentare e nell'attuare il prelievo fiscale e nel determinare i conseguenti processi di redistribuzione del reddito, che devono mirare a

---

[1] Rapporto Brundtland, WCED (Commissione mondiale per l'ambiente e lo sviluppo).

[2] Romanow Commission, ultimo accesso 7 marzo 2020. https://www.canada.ca/en/health-canada/services/health-care-system/health-human-resources/strategy/romanow-commission.html.

soddisfare i reali bisogni della popolazione, anziché alimentare in termini autoreferenziali gli apparati burocratici pubblici.

In rapporto a queste istanze solidaristiche, può risultare pertanto utile distinguere, in termini sociologici, tra solidarietà pubblica e solidarietà privata, che possiamo definire sinteticamente come libera solidarietà sociale.

La questione della solidarietà pubblica fa necessariamente riferimento alla costruzione di modelli universalistici nel campo delle politiche sociali e sanitarie. A questo proposito è necessario tenere presente che, in Italia, gli attuali assetti dello Stato sociale sono caratterizzati da un misto di criteri occupazionali-particolaristici nel settore pensionistico e di criteri universalistici nel settore socio-assistenziale e sanitario.

In campo sanitario, proprio grazie all'art. 32, si è affermata un'impostazione universalistica, con il progressivo superamento del regime mutualistico. Nei dieci anni che vanno dalla riforma ospedaliera del 1968, alla istituzione del Servizio sanitario nazionale nel 1978, caratterizzata dall'iscrizione obbligatoria di tutti i cittadini, si è infatti completata – per la prima volta in un Paese dell'Europa continentale – la universalizzazione delle prestazioni sanitarie, estendendo a tutti i residenti il diritto all'assistenza ospedaliera, farmaceutica, medico-generica e specialistica.

La problematicità dell'esperienza italiana, che ben risulta dai Rapporti annuali del Censis e dell'Istat, è connotata da una serie di contraddizioni interne all'area della solidarietà pubblica, che coincide con l'esperienza italiana di Stato sociale.

Com'è noto, agli inizi degli anni Novanta, in questo contesto problematico di solidarietà pubblica, sono state introdotte alcune modifiche nel Servizio sanitario nazionale volte soprattutto a contenere il deficit della spesa a carico dello Stato. Le caratteristiche principali di queste modifiche sono risultate:

- il rilancio della programmazione nazionale, con l'obiettivo dichiarato di garantire livelli minimi e uniformi di assistenza sanitaria in tutto il Paese;
- l'aziendalizzazione delle USL;
- la verticalizzazione dei livelli di controllo, che passano dai Comuni – singoli o associati – alle Regioni;
- lo scorporo degli ospedali dalle Aziende-USL e la loro trasformazione in Aziende Ospedaliere;
- la tendenza a differenziare la gestione delle prestazioni sanitarie da quelle sociali, che vengono rinviate alle competenze dei Comuni.

La razionalizzazione dei servizi sanitari, attraverso il più importante passaggio al cosiddetto processo di aziendalizzazione del 1992, anticipa la stagione in cui viene percepito un diritto alla salute affievolito o in via di affievolimento dovuto sia alla crisi del welfare sia alla diminuzione di un dovere alla solidarietà, che non può essere contrattato tra cittadino e Stato, in quanto parte integrante di quel patto sociale necessario a tenere unito un gruppo societario.

Se nella progettazione e programmazione delle politiche di un nuovo welfare prevarranno le logiche economicistiche, ispirate del tutto a concetti neoliberisti, una delle prime ripercussioni, come già acutamente aveva osservato Ardigò, sarà «il logoramento, quando non il dissolvimento» (Ardigò, 2006:34) della solidarietà e delle risorse partecipative.

Riprendendo il dibattito costituente si scopre che l'annosa questione della sostenibilità della tutela del diritto alla salute in chiave universalistica e solidaristica era già stata affrontata. Nella seduta del 4 marzo è il costituente onorevole Calamandrei che sollecita la discussione (vol.I: 159-160):

> *[...] Ora quando io leggo nel progetto un articolo come l'articolo 23 che dice in un suo capoverso: «La Repubblica assicura (dico assicura: verbo assicurare, tempo presente) alla famiglia le condizioni economiche necessarie alla sua formazione, alla sua difesa ed al suo sviluppo con speciale riguardo alle famiglie numerose»; quando leggo all'articolo 26 che «la Repubblica tutela la salute, promuove l'igiene e garantisce le cure gratuite agli indigenti»; quando nell'articolo 28 leggo che «la Repubblica assicura l'esercizio del diritto dell'istruzione con borse di studio, assegni alle famiglie, ed altre provvidenze, da conferirsi per concorso agli alunni di scuole statali e parificate»; quando io leggo questi articoli e penso che in Italia in questo momento, e chi sa per quanti anni ancora, negli ospedali — parlo degli ospedali di Firenze — gli ammalati nelle cliniche operatorie muoiono perché mancano i mezzi per riscaldare le sale, e gli operati, guariti dal chirurgo, muoiono di polmonite; quando io penso che in Italia oggi, e chi sa per quanti anni ancora, le Università sono sull'orlo della chiusura per mancanza dei mezzi necessari per pagare gli insegnanti, quando io penso tutto questo e penso insieme che fra due o tre mesi entrerà in vigore questa Costituzione in cui l'uomo del popolo leggerà che la Repubblica garantisce la felicità alle famiglie, che la Repubblica garantisce salute ed istruzione gratuita a tutti, e questo non è vero, e noi sappiamo che questo non potrà essere vero per molte decine di anni — allora io penso che scrivere articoli con questa forma grammaticale possa costituire, senza che noi lo vogliamo, senza che noi ce ne accorgiamo, una forma di sabotaggio della nostra Costituzione! (Approvazioni).*
>
> *Guardate, una delle più gravi malattie, una delle più gravi eredità patologiche lasciate dal fascismo all'Italia è stata quella del discredito delle leggi: gli italiani hanno sempre avuto assai scarso, ma lo hanno quasi assolutamente perduto dopo il fascismo, il senso della legalità, quel senso che ogni cittadino dovrebbe avere del suo dovere morale, indipendente dalle sanzioni giuridiche, di rispettare la legge, di prenderla sul serio; e questa perdita del senso della legalità è stata determinata dalla slealtà del legislato-*

*re fascista, che faceva leggi fittizie, truccate, meramente figurative, colle quali si industriava di far apparir come vero attraverso l'autorità del legislatore ciò che in realtà tutti sapevano che non era vero e non poteva esserlo.*
*Vi è un esempio caratteristico nella legislazione fascista, che bisognerebbe mettere in una cornice: voi ricorderete (perché tutti abbiamo fatto questa trista esperienza) come era regolata nell'Italia fascista, quando si temeva che cominciasse la folle guerra che poi cominciò, la difesa antiaerea e la difesa antigas. Ricorderete la faccenda delle maschere antigas; se ne vedeva ogni tanto una per modello, ma in commercio non c'erano, e nessuna autorità ne aveva per distribuirle: orbene, il 27 luglio 1938 fu pubblicato in Italia un decreto che porta il numero 1429, il cui articolo primo diceva così: «Entro i limiti stabiliti dall'articolo 3 del presente decreto (notate che in Italia, lo ripeto, non esistevano maschere) la distribuzione delle maschere al personale della industria, a qualunque ramo esso appartenga, deve essere totalitaria». (Si ride).*
*Queste sono le leggi, onorevoli colleghi, che distruggono nei cittadini il senso della legalità. Bisogna evitare che nella nostra Costituzione ci siano articoli che abbiano questo stesso suono falso! Fra i ricordi più amari dell'altra guerra, in questa Italia, che accanto alle sue grandi virtù ha avuto sempre tra i suoi difetti quello fondamentale dello scetticismo, del cinismo, della mancanza di fede e di convinzioni profonde, rammento che una volta ero tornato in licenza a Firenze, in quel periodo in cui di mese in mese i nostri soldati riuscivano a strappare qualche centinaio di metri di quelle terre, che purtroppo ora ci sono state ritolte. Non c'erano grandi vittorie: c'era soltanto la consunzione quotidiana di quella battaglia di logoramento che durò quattro anni. Ora, tornando in licenza — io abitavo allora in una piccola strada al centro di Firenze — una sera quando stavo per andare a letto, sentii passare uno strillone che gridava l'ultima edizione di un giornale cittadino. Allora i giornalai avevano l'uso di gridare per le strade le notizie più importanti; quello nel silenzio della strada deserta gridava a voce altissima: «Terza edizione! La grande vittoria degli italiani!...»; ma poi aggiungeva, in tono più basso: «...non è vero nulla...»*
*Bisogna evitare che nel leggere questa nostra Costituzione gli italiani dicano anch'essi: «Non è vero nulla». (Si ride).*
*Per questo io ritengo che sia necessario, per debito di lealtà, che queste disposizioni che io vi ho letto, ed altre che via via potranno affiorare nel seguito della discussione, siano collocate in un preambolo, con una dichiarazione esplicita del loro carattere non attuale, ma preparatore del futuro; in modo che anche l'uomo semplice che leggerà, avverta che non si tratta di concessione di diritti attuali, che si tratta di propositi, di programmi e che bisogna tutti duramente lavorare per riuscire a far sì che questi programmi si trasformino in realtà.*

Anche un altro costituente, l'onorevole Nitti, nella seduta del 19 aprile 1947 ancora più esplicitamente sostiene come la situazione economico-finanziaria non permette assolutamente di "promettere" nella Costituzione, a discapito del prestigio della Nuova Repubblica, ciò che non è possibile attuare (Vol. II: 1034-1035):

> *[...] L'articolo 26 fissa gli obblighi della Repubblica. Si parla sempre di Repubblica, mai dello Stato. Si vuole affermare che la Repubblica esiste. Non avremo bisogno di questa affermazione ripetuta e continua, se veramente ci crediamo. La Repubblica dunque «tutela la salute, promuove l'igiene e garantisce cure gratuite agli indigenti». Dunque, la Repubblica, fin da ora, assume come obblighi di tutelare la sanità, promuovere l'igiene e garantire cure gratuite agli indigenti. Voglio ben ripeterlo perché non credo ai miei occhi. Voi sapete quale è la situazione dell'Italia, voi sapete che cosa sono gli ospedali, quale è la situazione di almeno i nove decimi dell'Italia, in cui manca e per parecchi anni mancherà un pò di tutto. E noi assumiamo proprio adesso, improvvisamente, l'impegno di assicurare tutte queste cose che non potremo, per parecchi anni, assicurare? Ora, credete che sia buona procedura promettere in nome della Repubblica ciò che non si può mantenere? E perché farne materia di Costituzione? Quando il popolo domani ci domanderà: dal momento che la Repubblica garantisce queste cose, e come e in qual forma le può garantire? Io non vi voglio annoiare con molte cifre; lo farò la prossima volta quando parleremo della situazione finanziaria. Io vi dirò allora quale è la situazione economica e finanziaria. Troppe cose si sono dissimulate e troppe si continuano ancora a dissimulare; parlerò delle cose che potremo fare e anche di quelle che non potremo fare e che si promettono senza serietà. Noi dovremo, infine, se Dio vuole, discutere con linguaggio di realtà quale sia la situazione economica-finanziaria. Dobbiamo dire quali obblighi possiamo assumere e quali no e dovremo dire a quante cose dovremo rinunziare. Lasciate, dunque, che il nome della Repubblica non sia compromesso in questi equivoci, perché le togliamo anche quel prestigio di serietà che le è indispensabile.*
>
> *Non promettere nulla non potendo mantenere, ma sopra tutto sapendo da prima di non poter mantenere: questa dovrebbe essere prima regola di onestà.*
>
> *Quando voi avete promesso nella costituzione solennemente di dare al popolo ciò che non potete tra sei mesi, tra un anno, fra parecchi anni, e vi troverete senza aver dato niente e senza poter promettere più niente perché non vi crederanno, quale prestigio avrà la Repubblica?*
>
> *Vi prego dunque di non continuare a imitare lo stile fascista e di non esagerare e non promettere. Il fascismo mai è stato una consuetudine nella vita così forte come ora; non è l'ondata delle ridicole e inesistenti forze armate fasciste che ci minaccia, è la vita fascista che noi assorbiamo ogni giorno nelle nostre abitudini. Mai forse come ora il fascismo sovrasta tutta la vita nazionale. (Approvazioni).*

A questi dubbi e, potremmo dire anche, realistiche e crude osservazioni sulla contingenza storica degli anni costituenti (si fa riferimento anche ai molti comuni senza luce, senza acqua e senza strade e con un servizio postale ridottissimo), replicano soprattutto altri tre costituenti.

Ghidini e Damiani (seduta dell'8 marzo 1947) rispettivamente replicano, il primo, che le disposizioni discusse non possono essere intese come dei "*sermoni, voti o aspirazioni impossibili*" e, il secondo che il periodo di carenza dovrà finire: "*passerà il rachitismo e verrà la floridezza*". Damiani rincalza sostenendo che bisogna lottare per questo altrimenti il disagio e la disperazione paralizzerebbero tutte le energie. Quindi lo Stato può basarsi anche su norme che pensa di applicare in avvenire.

Anche il costituente Gullo Fausto (seduta del 18 aprile 1947) replica a Calamandrei e lo fa con parole molto incisive sull'importanza del diritto alla salute quando sostiene che questo deve rimanere ben scolpito nella Costituzione. Afferma anche (Vol. II:1000):

> *[...] Non è concepibile che vi sia grandezza di Nazione, grandezza di popolo, dove ogni cittadino non abbia la possibilità di crearsi una famiglia [...] Io vedo questa parte della Costituzione come quella di più vitale importanza.*
> *Fin qui la Costituzione ha disciplinato le prerogative del cittadino, gli ha riconosciuto il diritto di essere libero, ha tutelato in lui questo grande anelito di libertà che nessuna forza riuscirà mai a distruggere, ed ha fissato lapidariamente tutte le forme, i mezzi e le manifestazioni di questo diritto alla libertà.*
> *Ma che cosa è mai questo diritto alla libertà, che cosa sono questi mezzi e queste forme se noi non facciamo del titolare di questo diritto un cittadino degno di tale nome, un cittadino che senta, che abbia la coscienza dell'importanza del diritto che egli è chiamato ad esercitare? Tutte le altre parti della Costituzione diventano caduche, vane, superflue, se noi non daremo l'esecuzione più precisa a queste norme, che sono le più importanti e che appunto tutelano il cittadino, [...]dandogli il modo di conservare la sua sanità fisica, cancellando così la vergogna di statistiche di mortalità che fanno orrore; [...]Soltanto così noi avremo fatto in maniera che tutte le altre norme abbiano anch'esse la loro effettiva applicazione.*

## 1.5 Considerazioni conclusive

Emerge da questo scenario una crescente discrasia tra le aspettative verso i sistemi di protezione sociale e la loro capacità di soddisfare la domanda. L'invecchiamento della popolazione delle società europee ha portato ad un cambiamento dei modelli di morbilità (aumento delle cronicità) e ha dato luogo ad un aumento della domanda di servizi di assistenza, specie per le cure a lungo termine. Questo processo, che si può osservare in molte parti del mondo occidentale, è accompagnato dal cambiamento di mentalità tra i pazienti verso una maggiore consapevolezza di sé e autoaffermazione di una domanda di servizi di assistenza sanitaria soddisfacente. Si tratta di un paziente "moderno" che si orienta con più competenza e maggiori informazioni sulle possibilità di cura in una logica tipica di mercato e alla stregua di un cliente che esige la buona qualità del prodotto-servizio richiesto.

Mentre la domanda di assistenza è cambiata ed è aumentata, i Paesi dell'UE in particolare, costretti a rispettare le misure rigorose per quanto concerne il livello di finanziamento e disavanzo pubblico, hanno grandi difficoltà e sono costretti il più delle volte a ridurre i finanziamenti per lo stato sociale, determinando sia una crescente carenza di servizi di assistenza in tutti i paesi europei, in particolare nel sistema sanitario pubblico, sia un crescente divario tra la domanda e l'offerta di cure.

Viene messo, quindi, in discussione (McKee, Stuckler, 2011) il principio dell'universalismo (e con esso dell'equità e dell'uguaglianza), come per esempio si rileva attraverso il documento adottato in Inghilterra "*Health and care act 2012*". La riforma, o controriforma del NHS, ha posto molti interrogativi sul mantenimento della più rilevante caratteristica di questo sistema sanitario nazionale: l'universalità di accesso alle cure. Pollock, Macfarlane e Godden (2012) ne evidenziano due conseguenze importanti: il pagamento degli utenti per i servizi ricevuti; l'introduzione di un nuovo denominatore degli indicatori di salute che rende molto più difficile analizzare le differenze tra classi sociali e di valutare, di conseguenza, l'equità del sistema stesso.

Tuttavia, in senso positivo, sulle possibili (e chiare) conseguenze del superamento implicito dell'universalismo hanno preso posizione gli stati membri dell'Organizzazione Mondiale della Sanità. Nel 2005, infatti, è stata adottata una risoluzione che incoraggia i singoli paesi a sviluppare sistemi di finanziamento della sanità al fine di istituire o salvaguardare una copertura universale che consenta alle persone di accedere ai servizi di cui hanno bisogno, senza rischiare conseguenze finanziarie gravi o disastrose (Carrin et al. , 2008). Successivamente, la Conferenza mondiale delle Nazioni Unite, nel 2011, ha osservato che i paesi che godono delle migliori condizioni di salute sono quelli che hanno una qualche forma di copertura universale (UN-WHA, 2011). Infine, e paradossalmente, gli Stati Uniti che, a fronte di un sistema sanitario ad impronta prevalente assicurativa con risvolti economici insostenibili e risultati di salute insoddisfacenti, stanno portando avanti, seppure con riforme (amministrazione Obama) e controriforme (amministrazione Trump) modelli a più ampia copertura della popolazione.

Riprendendo il dialogo costituente prima riportato sull'art. 32 e sulla fattibilità dello stesso da un punto di vista economico-finanziario, e senza leggerezza o romanticismo verso il passato, si ritiene importante riaffermare l'attualità e la verità dei valori, laici e tremendamente contemporanei, sottesi a questo diritto fondamentale.

Un altro Costituente, appartenete al gruppo dei medici, l'onerevole Cavallotti, in un lungo intervento della seduta del 22 aprile 1947 in cui sostiene gli argomenti della relazione tra medico e paziente, della condizione sociale e sanitaria del paese, della presenza di oltre 500.000 tubercolotici e dello spreco organizzativo-amministrativo delle molteplici istituzioni sanitarie e assistenziali, afferma (Vol. II:1132):

> *[...] Se questa è la situazione sanitaria, quali sono gli obiettivi che dobbiamo prefiggerci? Io direi che è sostanzialmente uno: quello di garantire la sicurezza sanitaria della popolazione su una base di solidarietà. Badate, che il concetto assicurativo ha ancora in sé qualche cosa di egoistico. Il concetto di solidarietà è qualche cosa di molto più avanzato del concetto assicurativo, perché esso pretende una fusione fra classe e classe, fra categoria e categoria, fra sano ed ammalato.*

# 2. *Regionalizzazione dei sistemi sanitari e principio di sussidiarietà*

## 2.1 Premessa

Con la legge n. 328/2000 e la riforma del titolo V della Costituzione (legge costituzionale n. 3/2001) si attua il riconoscimento del principio di sussidiarietà nella sua dimensione sia verticale sia orizzontale. La dimensione verticale sconta in questo periodo di crisi economica, ampia e diffusa, la costante riduzione dei finanziamenti statali.

Per quanto riguarda, invece, l'attuazione della sussidiarietà orizzontale, questa non prescinde dal confronto tra idee contrapposte che si sono formate sulle relazioni da instaurarsi tra pubblico e privato, tenendo conto di quanto sancito dall'art.118 della Costituzione, che favorisce (Rizza, 2002) la partecipazione dei cittadini al processo decisionale dell'amministrazione.

Il cambiamento e la messa in discussione del welfare e dei modelli di welfare (Bertin, 2012) stanno ridisegnando sia il principio di cittadinanza sia quello di sussidiarietà. Per quest'ultimo si continua a dibattere (Donati, 2011) per far sì che alcune funzioni dello Stato possano essere assunte in carico dagli enti locali ed altre possano essere attuate attraverso l'interazione orizzontale delle diverse componenti della società: il mercato, l'associazionismo, il Terzo settore dei servizi più prossimi al cittadino.

I sistemi sanitari regionali, nel quadro delle politiche di welfare e di welfare sociosanitario, sono chiamati a muoversi entro due direzioni ben precise: l'incremento di efficienza e l'ottimizzazione dell'impiego delle risorse sanitarie, rendendo più efficaci i percorsi di cura, attraverso una miglior gestione dei flussi informativi e l'introduzione di modelli operativi innovativi, capaci di superare le tradizionali logiche di verticalizzazione autarchica che caratterizzano in gran parte l'operato delle diverse strutture che operano all'interno del sistema sanitario nello scenario attuale; lo spostamento progressivo del baricentro del sistema sanitario verso un modello di assistenza articolato sul territorio e sulla prossimità al cittadino, in grado di costituire un'alternativa efficace all'ospedalizzazione per la gestione delle cure primarie.

## 2.2 Le regioni nella Costituzione italiana

L'Italia è uno Stato regionale così pensato dai costituenti che (Barile 1987: 24) «si posero il problema se trasformare o no l'Italia in uno Stato federale: e decisero negativamente, perché non esistevano tradizioni sufficienti; anzi, sussistevano esattamente una tradizione inversa, una tradizione napoleonica accentrata, per cui sarebbe stato difficile rovesciarla di un colpo. Ma pensarono allora che potevano ben essere create delle regioni che, senza avere le caratteristiche degli Stati federali, potessero essere titolari anche di una propria potestà legislativa, in gran parte autonoma da quella dello Stato, e alle quali potesse essere assicurata una robusta autonomia finanziaria». Nella situazione italiana le Regioni hanno autonomia statutaria e una potestà legislativa nei limiti fissati dalla Costituzione, che stabilisce le materie di competenza legislativa regionale. Tale caratterizzazione dello Stato italiano è presente tra i principi fondamentali della Costituzione: art. 5: «La Repubblica, una e indivisibile, riconosce e promuove le autonomie locali; attua nei servizi che dipendono dallo Stato il più ampio decentramento amministrativo; adegua i principii ed i metodi della sua legislazione alle esigenze dell'autonomia e del decentramento».

La Costituzione italiana, prima del 2001, all'art. 114 così definiva l'assetto istituzionale: «La Repubblica si ripartisce in Regioni, Province e Comuni»; all'art. 115 «Le Regioni sono costituite in enti autonomi con propri poteri e funzioni secondo i principi fissati nella Costituzione». Con la legge costituzionale 18 ottobre 2001, n. 3, "Modifiche al Titolo V della parte seconda della Costituzione", questo impianto istituzionale è cambiato a vantaggio di una maggiore autonomia regionale.

L'art. 1 della legge costituzionale 3/2001 ha così riscritto l'art. 114:

«1. L'articolo 114 della Costituzione è sostituito dal seguente:

Art. 114. La Repubblica è costituita dai Comuni, dalle Province, dalle Città metropolitane, dalle Regioni e dallo Stato.

I Comuni, le Province, le Città metropolitane e le Regioni sono enti autonomi con propri statuti, poteri e funzioni secondo i principi fissati dalla Costituzione.

L'art. 3 ha disposto: «1. L'articolo 117 della Costituzione è sostituito dal seguente:

Art. 117. – La potestà legislativa è esercitata dallo Stato e dalle Regioni nel rispetto della Costituzione, nonché dei vincoli derivanti dall'ordinamento comunitario e dagli obblighi internazionali (...)».

Lo Stato ha legislazione esclusiva in diverse materie espressamente indicate nell'art. 117 della Costituzione. Sempre all'art. 117 Cost. sono definite le materie di legislazione concorrente sulle quali «spetta alle Regioni la potestà legislativa, salvo che per la determinazione dei principi fondamentali, riservata alla legislazione dello Stato.

Spetta alle Regioni la potestà legislativa in riferimento ad ogni materia non espressamente riservata alla legislazione dello Stato (...)».

Il nuovo assetto costituzionale rimarca il ruolo delle autonomi locali. Nell'ambito dei servizi sanitari e sociali le Regioni acquisiscono competenza legislativa esclusiva, mentre lo Stato (Corsi, 2013) si riserva la determinazione dei livelli essenziali delle prestazioni concernenti i servizi sanitari, diritti civili e sociali che devono essere garantiti su tutto il territorio nazionale. Dal nuovo assetto del sistema istituzionale e dal ruolo assunto dalle Regioni emergono novità nelle funzioni e nelle responsabilità delle autonomie locali. L'analisi chiama in causa la riforma costituzionale del 2001 di modifica del Titolo V della Costituzione per le implicazioni che tale intervento ha avuto anche per i servizi sociosanitari (nonché socio-assistenziali), e per la costruzione del welfare territoriale. Il sistema dei servizi sociosanitari, emerso dalle riforme legislative degli ultimi due decenni e dal nuovo impianto costituzionale, trova una chiave interpretativa nel rafforzamento delle autonomie locali in chiave regionale.

## 2.3 Welfare territoriale e integrazione dei servizi

Il nuovo assetto di tripartizione legislativo delle competenze attribuisce la titolarità dello Stato della competenza esclusiva per la determinazione dei livelli essenziali delle prestazioni concernenti i diritti civili e sociali che devono essere garantiti su tutto il territorio nazionale (art.117, comma 2, lettera m); la titolarità legislativa concorrente delle regioni in materia di tutela della salute e dello Stato nella determinazione dei principi fondamentali; la titolarità legislativa esclusiva delle regioni in materia di sistema degli interventi e dei servizi sociali. Quindi, per le politiche sanitarie (tutela della salute) la competenza è concorrente tra Stato e Regioni, mentre per le politiche sociali la competenza è esclusiva delle Regioni, ma con la competenza esclusiva dello Stato per la determinazione dei livelli essenziali delle prestazioni concernenti i diritti civili e sociali che devono essere garantiti su tutto il territorio nazionale. Non bisogna dimenticare, infatti, che a partire dalla citata riforma del titolo V della Costituzione le Regioni italiane hanno potuto decidere e legiferare autonomamente, più in generale sui propri sistemi di welfare e in particolare sui propri diversi modelli di attuazione dei servizi sociosanitari. Di conseguenza, la definizione e le scelte sul Distretto e sull'assistenza primaria spettano alle Regioni che possono individuare specifici modelli organizzativi dei servizi sanitari e sociosanitari, all'uopo rispettando le prescrizioni nazionali e garantendo ai cittadini le prestazioni sanitarie e sociosanitarie rientranti nei livelli essenziali di assistenza (LEA).

Il punto di svolta nella costruzione del welfare locale in Italia si ha con l'approvazione della legge 8 novembre 2000 n. 328. La programmazione è una prassi operativa di azione delle istituzioni pubbliche prevista in modo sistematico dalla legge 328/2000 che all'articolo 3 comma 1 dispone: «Per la realizzazione degli interventi e dei servizi sociali, in forma unitaria ed integrata, è adottato il metodo della programmazione degli interventi e delle risorse, dell'operatività per progetti, della verifica sistematica dei risultati in termini di qualità e di efficacia delle prestazioni, nonché della valutazione di impatto di genere».

La costruzione di tale sistema è regolata dagli articoli 6, 7 e 8 della legge 328/2000 con l'individuazione delle competenze dei diversi attori del welfare. Ai comuni, singoli o associati, compete il ruolo della programmazione, progettazione e realizzazione della rete dei servizi sociali, la gestione e l'erogazione dei servizi e delle prestazioni, la vigilanza sulle organizzazioni del privato sociale che sono chiamate all'erogazione dei servizi e degli interventi sociali. Alle province compete il ruolo di osservatorio e di monitoraggio dell'offerta dei servizi territoriali, il coordinamento e l'assistenza nella programmazione sociale. Alle Regioni compete la programmazione regionale, il coordinamento e gli atti di indirizzo degli interventi e dei servizi sociali, la determinazione degli ambiti di zona. In questo quadro di processo, nella diversa articolazione di attori e competenze, interviene la legge costituzionale 3/2001, che modifica il ruolo dello Stato e delle Regioni; queste ultime si vedono riconosciuta la potestà legislativa esclusiva in materia di servizi sanitari e sociali, fermo restando le competenze statali in materia di livelli essenziali di prestazioni concernenti i diritti civili e sociali da garantire su tutto il territorio nazionale.

La citata legge quadro n. 328/2000 "Legge quadro per la realizzazione del sistema integrato di interventi e servizi sociali" segna indubbiamente una svolta fondamentale per l'integrazione dei sistemi sanitari e sociali assicurando alle persone e alle famiglie un sistema integrato di interventi e servizi sociali, promuovendo (Maggian, 2001) interventi per garantire la qualità della vita, pari opportunità, non discriminazione e diritti di cittadinanza (Corposanto, Fazzi, Scaglia, 2002).

La programmazione e l'organizzazione del sistema integrato di interventi e servizi sociosanitari (Bissolo, Fazzi, 2005) compete agli Enti locali, alle Regioni ed allo Stato e risponde ai seguenti principi: sussidiarietà, cooperazione, efficacia, efficienza ed economicità, omogeneità, copertura finanziaria e patrimoniale, responsabilità ed unicità dell'amministrazione, autonomia organizzativa e regolamentativa degli enti locali.

La legge di riforma costituzionale n. 3/2001, come detto, ha modificato il criterio di ripartizione dei poteri e delle competenze tra i diversi livelli territoriali di governo ed ha ulteriormente potenziato il ruolo centrale della Regione, che assume la competenza legislativa in materia sociosanitaria, fatte salve le materie attribuite alla potestà legislativa esclusiva dello Stato (comma. 2 art. 117) e quelle rientranti nella legislazione concorrente (comma 3 art. 117).

La ricerca continua e problematica di modelli organizzativi capaci di rispondere alla crescente e differenziata domanda di cure e di salute costituisce un grande e complesso tema sociale che comprende alcuni aspetti di specifico interesse, come l'apparato teorico dell'evoluzione del concetto di salute e le attuali trasformazioni dei sistemi sociali e dei modelli organizzativi dei servizi socio-sanitari (Clemente 2010).

Questo riconoscimento della necessità di sviluppare forme di *partnership* tra Azienda sanitaria, Distretti sociosanitari e Comuni, porta con sé il bisogno di potenziare anche i livelli attraverso i quali ha luogo l'integrazione sociosanitaria: il livello istituzionale che consente di definire i patti per la salute tra i diversi responsabili della stessa; il livello gestionale che garantisce l'adozione di modelli organizzativi coerenti; il livello professionale che permette di armonizzare le competenze dei professionisti chiamati in causa nella realizzazione degli obiettivi di salute comuni.

In questa logica, l'integrazione tra sanitario e sociale sembra ispirarsi a una filosofia di fondo che vede il superamento del dualismo, a livello istituzionale, gestionale e professionale, tra servizi sociali, di competenza degli enti locali, e servizi sanitari, di competenza del Sistema sanitario nazionale.

D'altro canto, la necessità di contenere la spesa pubblica in sanità ha innescato azioni di riduzione degli interventi (welfare) e delle risorse finanziarie. In concreto, la fase di ristrutturazione del welfare nei principali paesi industrializzati (Ferrera, 2007) ha prodotto iniziative di contenimento e razionalizzazione della spesa pubblica in sanità, l'incentivazione alla nascita di mercati interni alla sanità pubblica, all'interno dei quali si presentava una offerta in grado di soddisfare la domanda di salute, la fissazione di tetti di spesa e bilanci definiti, la riorganizzazione delle strutture e del personale, i controlli sulle tecnologie e sui prezzi (soprattutto quelli dei farmaci), i controlli sul comportamento prescrittivo dei medici.

Negli Stati Uniti intorno agli anni Ottanta sono state effettuate delle sperimentazioni in questo ambito, con la creazione di centri di servizio in grado di attirare pazienti con offerte vantaggiose, un esempio è rappresentato dalla HMO (*Health Maintenance Organization*). Nel decennio successivo anche in Inghilterra, su iniziativa del governo conservatore della Thatcher, si è cercato di riformare il NHS (*National Health System*) per creare, sull'onda del neoliberismo economico, anche all'interno della sanità pubblica, un vero e proprio mercato frequentato da produttori e consumatori. In questo periodo nasce un nuovo sistema che non mancherà di contagiare altri paesi dell'Unione Europea, primo tra tutti l'Italia. La nuova proposta organizzativa inglese si avvale di strutture amministrative decentrate chiamate appunto *District Health Authorities*, guidate da una figura manageriale che, utilizzando opportune risorse finanziarie, acquista servizi, sia dagli ospedali pubblici che dai privati, i quali concorrono tra loro, cercando di contemperare costi ed efficacia, secondo i principi economici. Nello stesso tempo sul fronte della medicina di base i medici sono spinti ad associarsi tra loro e a gestire un certo budget, con il quale acquistare sul mercato sanitario prestazioni per i propri assistiti: visite specialistiche, assistenza ospedaliera ecc.

All'interno di questa riforma si consente anche che gli ospedali pubblici possano gestirsi autonomamente. In Italia la riforma varata nel 1992 (d. lgs n. 502) si inserisce in uno scenario internazionale neoliberista, per cui il Governo centrale continua a finanziare regioni e USL, amministrate da *manager*. Sull'esempio inglese i nostri grandi ospedali sono stati scorporati dalle ASL e con ampi margini di gestione si inseriscono in un nuovo mercato della sanità, all'interno del quale compaiono privati fornitori di servizi accreditati.

Ma se da un lato questi interventi hanno cercato di frenare la spesa pubblica in sanità, nello stesso tempo è sorta un'altra domanda, che vede la sua origine nell'invecchiamento della popolazione e nell'aumento dell'autoinsufficienza, a discapito di una rete di protezione familiare indebolita (Ardigò, 2006).

Si è passati, dunque, da uno Stato che forniva servizi ad uno in cui è necessario occuparsi dei destinatari, perché sono cambiate le condizioni economiche, culturali, ma anche gli strumenti tecnologici che forniscono informazioni sempre più capillari e critiche. Sarà indispensabile perciò che i servizi di welfare, e tra questi quello della salute, vengano personalizzati dando più potere agli utenti.

Alcuni autori come Zuboff e Maxim sostengono comunque che la personalizzazione dei servizi non necessariamente coincide con la privatizzazione, ma risponde ad una necessità che è inerente all'attuale trasformazione socio-culturale in atto. Pertanto, bisogna tener conto che (2002:25) [...] «la gente è cambiata più di quanto non siano cambiate le organizzazioni dalle quali dipende le persone concepiscono se stesse innanzitutto come individui e condividono un desiderio di autodeterminazione psicologica».

Accade perciò che le persone, i cittadini consapevoli di essere diventati attori protagonisti, non accettano più di essere strumentalizzati o manipolati, ma pretendono di essere ascoltati per poter meglio fruire dei servizi. A questi nuovi comportamenti degli attori sociali si deve aggiungere un altro aspetto che ha a che vedere con la libertà di scelta dell'utente che comporta, secondo Giddens (2007), un miglioramento dell'efficienza e un cospicuo contenimento dei costi.

Il punto nevralgico di questo nuovo modello di assistenza è costituito dal Distretto sociosanitario (DSS) quale tassello fondamentale nell'architettura dei sistemi sanitari regionali e dei relativi modelli di welfare locale (Clemente, 2012). Il DSS costituisce il luogo privilegiato dell'integrazione sociosanitaria, rappresenta il contesto territoriale dove si realizza il pat (piano delle attività territoriali) e sono assicurati i servizi di assistenza primaria relativi alle attività sanitarie e sociosanitarie.

## 2.4 La questione del decentramento nel dibattito costituente

Il ruolo delle regioni e delle autonomia locali, così come l'attribuzione di competenze tra stato e regioni è stato, anche questo, dibattuto dall'assemblea costituente.

Anzi, in un primo momento, l'articolo 26 del progetto di costituzione (poi approvato come art. 32) era articolato in 3 commi e prevedeva al secondo (Onerevole Caronia, seduta di giovedì 24 aprile 1947, vol. II: 1214):

> *[...] Lo Stato assolve tale compito attraverso istituzioni coordinate intorno a un unico organo centrale ed autonomo.*

Lo stesso On. Caronia, nella stessa seduta che vede un ampio dibattito proprio su questo aspetto (Vol. II:1215-1216):

> *[...] Il secondo comma da noi proposto, non è compreso nell'articolo proposto dalla Commissione. Esso però scaturisce quale conseguenza del primo. Se viene affermato il principio che la Repubblica tutela la salute di tutti*

*i cittadini, è bene che sia stabilita la modalità per l'applicazione di tale compito.*
*Ci si potrebbe opporre che l'argomento non è materia di Costituzione. L'obiezione ce la siamo posta anche noi, ma ce l'ha fatta sorpassare la considerazione che, nel momento in cui la Nazione si appresta a darsi una più razionale ed efficace organizzazione sanitaria, non è male affermare nella Costituzione il principio di creazione di un organo centrale ed autonomo che coordini e disciplini la complessa e delicata materia.*
*L'assistenza sanitaria più di ogni altra richiede unità di direttive e coordinamento di mezzi. Nell'ambito della sanità oggi si tende addirittura all'organizzazione unitaria internazionale. In Italia la unificazione parzialmente riconosciuta dalla legislazione non ha avuto applicazione. Ne è derivata una grande confusione nel campo sanitario per dispersione di mezzi, costose interferenze ed inevitabili deficienze. Per brevità non mi dilungo in esemplificazioni. Dirò soltanto che mentre l'Alto Commissariato per la Sanità ha alle sue dipendenze soltanto 14 o 15 istituti sanitari, circa un numero doppio di istituti sanitari è alle dipendenze di altri enti pubblici o privati, con direttive diverse, se non in contrasto.*
*L'organo unico centrale, che noi auspichiamo, è definito anche autonomo. Qualcuno ci ha chiesto cosa intendiamo esprimere con la qualifica autonomo. Noi intendiamo dire con questo che l'organo sanitario sia ben distinto dalle altre amministrazioni dello Stato. Sino ad oggi l'amministrazione sanitaria in Italia è stata ed è alle dipendenze del Ministero dell'interno o di altri Ministeri. Ne deriva, per esempio, che un provvedimento sanitario in una provincia non viene emanato dal medico provinciale, capo della sanità, ma dal Prefetto, cioè da un'autorità incompetente. Non è chi non veda gli inconvenienti di simili interferenze.*
*Noi, sull'esempio di altri Paesi tra i più progrediti, desideriamo affermare che anche l'amministrazione sanitaria sia autonoma, ed abbia carattere tecnico, così come quella militare, quella delle comunicazioni, ecc.*
*Altro motivo ci induce a chiedere che sia consacrato nella Costituzione il principio della creazione dell'organo coordinatore centrale ed autonomo.*
*Come si rileva da varie applicazioni già in atto e dallo stesso progetto di Costituzione, lo Stato italiano si avvia verso una struttura decentrata regionalistica. Per la sanità ciò potrebbe costituire un danno, se dal solo decentramento amministrativo si dovesse arrivare a quello normativo, donde l'opportunità di affermare in sede costituzionale il principio unitario dell'indirizzo sanitario, principio che è la base essenziale per un'efficace tutela della salute pubblica.*

Anche l'Onorevole Merighi (Vol. II: 1220) interviene a sostegno dell'opportunità di prevedere nella Costituzione il ruolo coordinatore e unitario dello Stato:

*[...] E io invece credo, collega Maffi, che sia bene stabilirlo qui. Noi ci troviamo infatti di fronte a tante istituzioni sanitarie — lo ha spiegato efficacemente anche il collega onorevole Caronia — ognuna delle quali marcia*

*per proprio conto, così da rendere i risultati che si conseguono ben più miseri di quelli che dovrebbero essere, specialmente nell'interesse delle classi lavoratrici.*
*Noi vorremmo, quindi, pur fondandoci su quello che in atto esiste nel mondo sanitario, puntare anche verso l'avvenire, perseguendo la mira di un coordinamento di queste istituzioni.*
*Auspichiamo non un centro soffocatore di tutte le energie, ma soltanto un centro coordinatore, un centro tecnico che sappia dare soprattutto un unico indirizzo in cui sia armonicamente fusa l'assistenza e la previdenza.*
*Istituto per la previdenza sociale, Mutua malattie dei lavoratori, Istituto nazionale per gli infortuni sul lavoro: sono tre organismi diversi e distinti. E sapete voi come uno scrittore che si occupa di questi argomenti li ha qualificati? Le tre lupe che, dopo il pasto, hanno «più fame che pria».*
*Noi sappiamo infatti che questi istituti spendono il 75 per cento delle loro rendite per le sole funzioni amministrative.*

Il dibattito prosegue e gli interventi, prima dell'Onorevole Maffi e poi dell'Onorevole Corbino portano al ritiro di questo emendamento da parte dei loro diretti proponenti (Caronia e Camangi).

In particolare, l'Onorevole Maffi (Vol. II: 1216-1217):

*[...] L'argomento riferentesi alle autonomie regionali mi ha confortato in questo mio concetto della utilità della soppressione, e di rinvio ai compiti legislativi del nuovo Stato.*
*Guai, se dovessimo ammettere un criterio di questo genere, il quale turberebbe tutti i servizi sanitari, che sono ora intaccati dalla esperienza triste, fatta da una legislazione imperfetta nelle sue origini, qual è il complesso delle istituzioni, cosiddette assistenziali, fasciste; le cosiddette «mutue», le quali funzionano in un modo non corretto, insufficiente, immorale; perché la retribuzione dei medici è tale, che viene artificiosamente creato un metodo di funzionamento che compensa la indecorosa retribuzione fatta ai medici.*
*Se noi abbiamo delle condotte veramente buone e bene organizzate, dei buoni ospedali, dei buoni ambulatori e sanatori, bene organizzati e bene sostenuti, questo problema diventa un problema incidentale e che deve essere oggetto di una grande vigilanza.*
*Nessuno, naturalmente, escluderà il concetto del consulto, ma sostenere ora qui, in sede costituzionale, la soluzione di un problema che è così intimamente tecnico, per conto mio, è un errore, è un azzardo. Ed io credo che il carattere di una Costituzione deve essere questo: impegnare a ciò che è sostanziale, evitare le ipoteche di dettaglio sulla nuova legislazione.*

# 3. *Salute e dibattito dell'Art. 32. Analisi sociologica*

## 3.1 L'evoluzione normativa della salute vista dal sociologo

Nel 1948 l'OMS ha definito la salute, l'Italia lo ha fatto con l'art. 32 della Costituzione e, sempre nel 1948, nasce in Inghilterra (il 5 luglio), all'interno del più ampio progetto di riforme che riguardavano istruzione, maternità, occupazione e pensioni, il National Health Service (NHS) caratterizzato dall'universalità e gratuità dell'assistenza pubblica come diritto sociale di tutti i cittadini. Inoltre vi è la definizione di promozione della salute, anch'essa di rilievo. Nello stesso anno (10 dicembre 1948) le Nazioni Unite approvano la Dichiarazione universale dei diritti umani: l'art. 25 stabilisce il diritto di ogni persona a un adeguato livello di vita che assicuri a lui e alla sua famiglia la salute e il benessere, inclusi il cibo, il vestiario, l'abitazione, l'assistenza medica e i servizi sociali necessari, e il diritto alla sicurezza in caso di disoccupazione, malattia, disabilità, vedovanza e vecchiaia. La Carta di Ottawa, sottoscritta dagli Stati appartenenti all'OMS, definisce la promozione della salute come "il processo che consente alle persone di esercitare un maggior controllo sulla propria salute e di migliorarla". Quest'ultima è stata codificata nel 1986 dalla Carta di Ottawa per la promozione della salute, ed oggi costituisce un importante quanto attuale documento di riferimento per lo sviluppo di politiche orientate alla salute e alla promozione della salute.

Ne costituiscono presupposti: adeguati ambienti di vita e di lavoro, attraverso condizioni di maggiore sicurezza e gratificazione; autonomia di azione comunitaria nelle scelte che riguardano problemi relativi alla salute dei cittadini che vi appartengono; riorientamento dei servizi sanitari nella logica di renderli più adeguati ad interagire con gli altri settori, in modo da svolgere un'azione comune per la salute della comunità di riferimento. La promozione della salute mira soprattutto a raggiungere l'eguaglianza nelle condizioni di salute. I fattori politici, economici, sociali, culturali, ambientali, comportamentali e biologici possono favorirla così come possono lederla.

Viste le definizioni, si rende opportuno cercare di tracciarne l'evoluzione e anche, sulla base della concezione della salute per l'individuo, provare a rappresentare la salute come aspetto reale dell'attuale assetto culturale sociale, cioè i giudizi, gli atteggiamenti e i comportamenti concreti degli individui nei confronti delle istituzioni di cura e quindi delle loro concezioni di salute e malattia.

Si tratta di un problema solo apparentemente banale, in quanto il progredire della riflessione teorica e della ricerca empirica sull'argomento ha messo in luce come queste concezioni siano di complessa interpretazione e varino al mutare delle caratteristiche dei soggetti e nei diversi contesti socio-culturali. L'apparente passività del paziente, per esempio, che riceve identità sociale appunto nel suo prestarsi ad essere oggetto docile di cura ed esecutore fedele delle prescrizioni terapeutiche, è stato un aspetto problematico affrontato dagli studiosi. Per molto tempo, infatti, i modelli esplicativi dei rapporti tra malato ed istituzione curante hanno descritto il comportamento del paziente solo in quanto risposta al comportamento del terapeuta: era implicito che il paziente, a livello di comportamento, ricercasse la salute e sfuggisse la malattia; mentre, a livello di concezioni, la salute e la malattia si definivano appunto tramite il loro opposto, per cui la salute era concepita come assenza di malattia, la malattia come assenza di salute.

Questa ipotesi di un paziente esclusivamente "passivo" nel rapporto con i curanti si dimostrò ben presto troppo semplicistica per dare ragione di una realtà che si rivelava, ad un esame più approfondito, molto più complessa di quanto non apparisse ad un'osservazione superficiale.

Una prima serie di osservazioni che contravviene ad una visione semplicistica della salute e della malattia si può rintracciare, come per molte altre intuizioni di fenomenologia della vita quotidiana, anche negli studi di Freud (1980).

Un altro contributo fondamentale nel dare maggiore concretezza alle concezioni astratte di "salute" e di "malattia" è stato quello di Parsons (1996) che ha proposto un modello riassumibile in tre punti:

- la salute e la malattia non costituiscono due opposti, definibili ognuno tramite il proprio contrario;
- la salute e la malattia non sono concetti assoluti, ma sono concretamente definiti rispetto ad una serie complessa di dimensioni;
- la salute e la malattia non sono realtà astratte, ma vanno considerate dinamicamente nel loro carattere di "costruzioni sociali", al di là delle semplici definizioni di carattere bio-medico.

La salute deve essere considerata necessariamente, quindi, con uno sguardo d'insieme che comprende stati fisici, psichici e relazionali tra ambienti e mondi vitali. Allo stesso tempo, scienze dell'artificiale, medicina predittiva e selettiva, spinta sociale di tipo individualistica nella raffigurazione etica della vita (e della morte), moltiplicazione dei ruoli dell'attore sociale, cambiamento demografico della popolazione, aumento delle malattie cronico-degenerative, quantità delle risorse finanziarie sono alcuni significativi elementi che rendono complesso il rapporto tra salute e sistema sociale. È un rapporto in cui sono dinamicamente in gioco le relazioni degli individui con la società e i suoi meccanismi di esclusione/integrazione, emarginazione/tolleranza, corpo/persona.

Volgendo la sguardo agli anni più recenti appaiono in tutta la loro evidenza dimensioni e fattori che stanno, laddove ve ne fosse ancora bisogno, complessificando il concetto di salute (Elia, 2004) e ne stanno modificando anche i ruoli delle parti in causa:

- il sistema sanitario è chiamato a dare risposte e fornire servizi rispetto ad una domanda più istruita e partecipativa del processo di salute;
- il sistema sanitario è stato chiamato con le riforme degli anni '90 alla necessità del decentramento e della competizione per far fronte all'evoluzione socio-demografica dell'invecchiamento della popolazione e della riduzione dei tassi di natalità con l'aumento progressivo dei costi sanitari (Giarelli, 2003);
- le continue scoperte delle scienze dell'artificiale e delle sue applicazioni in medicina, che stanno capovolgendo i fondamenti della vita umana con la medicalizzazione della biologia, sono alla base di una nuova concezione "etica" della salute e della vita stessa.

## 3.2 Igiene, prevenzione, teoria del miglioramento, fiducia del paziente

Nei paragrafi che seguono saranno affrontati, in chiave sociologica, alcuni temi che investono la riflessione da parte delle scienze sociali.

La scelta dei temi sviluppati nel dibattito costituente è parziale. Allo stesso tempo sarebbe impossibile la pretesa di una trattazione comprensiva di tutti gli aspetti che investono la salute e le prospettive di analisi, seppure all'interno dello stesso approccio disciplinare.

### *3.2.1 Igiene, sanità pubblica e sistema sanitario*

La nostra società complessa e globalizzata, mentre evita certi rischi e patologie, segnatamente quelle evitabili tramite tecnologie, produce strutturalmente altri tipi di rischi e patologie; si pensi alle modificazioni che connotano la nostra società post-moderna nei confronti dell'ambiente, della natura esterna (inquinamento ambientale, distruzione di riserve naturali, ecc.), e a quelle modificazioni indotte negli stili di vita (correlati alla natura interna dell'essere umano).

Le politiche di promozione della salute, di cui abbiamo già visto la definizione, implicano, come determinanti della salute, la creazione di ambienti adeguati al perseguimento della salute negli ambienti di vita e di lavoro, attraverso condizioni di maggiore sicurezza e gratificazione, oltre il coinvolgimento delle comunità con azioni co-partecipate per svolgere un ruolo autonomo circa i problemi concernenti la salute dei cittadini che vi appartengono, in una logica multidimensionale in cui i vari settori/fattori coinvolti nella produzione di salute siano interagenti e ricondotti ad azione comune.

Anche gli individui e i gruppi possono diventare soggetti attivi nel perseguimento di uno stato di buona salute, quando sono in grado di identificare e realizzare le proprie aspirazioni, di soddisfare i propri bisogni, di modificare l'ambiente o di adattarvisi.

La promozione della salute non è responsabilità esclusiva del settore sanitario, dovendo coinvolgere anche i settori che influiscono sulla salute stessa con un approccio definito "intersettoriale" che preveda, cioè, l'intervento, la collaborazione e il coordinamento di settori diversi dalla sanità (istruzione, lavoro, cultura, trasporti, agricoltura, ecc.) per realizzare iniziative in grado di migliorare lo stato di salute della popolazione. Esso porta il problema all'attenzione dei responsabili delle scelte in tutti i settori, a tutti i livelli, invitandoli alla piena consapevolezza delle conseguenze sul piano della salute di ogni loro decisione, e a una precisa assunzione di responsabilità in merito.

L'approccio più comune nella sanità pubblica è stato quello orientato ai fattori di rischio individuali, teso alla ricerca delle cause sociali, comportamentali e biomediche sulla salute. Tale approccio però, già negli anni 90 del secolo scorso è stato da diversi autori considerato inadeguato (Evans, 1994; Blane, Brunner, Wilkinson, 1996; Wilkinson, 1999). Com'è possibile, ci si chiedeva, che dopo 50 anni di lavoro i fattori di rischio conosciuti potessero spiegare l'origine di meno della metà delle malattie?

L'ipotesi che si stava facendo strada era che la maggioranza (60-70%) della morbosità e della mortalità prevenibile non fosse situata nella sfera individuale, ma dipendeva anche dal comportamento o dallo stile di vita, così come dalla più ampia organizzazione sociale.

Anche Putnam (1993), a sua volta, aveva individuato il determinante centrale della qualità della vita nel capitale sociale, cioè in quegli aspetti dell'organizzazione sociale come reti, norme e fiducia che facilitano il coordinamento e la cooperazione per il bene comune, dove ha valore la solidarietà e la partecipazione civica; mentre Wilkinson (1999) vedeva nella disuguaglianza in sé, più che la povertà assoluta, una causa di malattia e di morte.

Recenti studi internazionali, infine, hanno stimato l'impatto di alcuni fattori sulla longevità delle comunità, utilizzati come proxy della salute (Marmot, Wilkinson, 2006): i fattori socio-economici e gli stili di vita contribuiscono per il 40-50%, lo stato e le condizioni dell'ambiente per il 20-33%, l'eredità genetica per un altro 20-30% e i servizi sanitari per il 10-15%.

Ma si potrebbero scrivere infinite pagina sull'importanza dei fattori sociali che determinano la buona o la cattiva salute. Oltre le dichiarazioni citate a inizio capitolo, vi sarebbero le politiche cosiddette intersettoriali della salute per giungere all'importanza attuale attribuita ai cosiddetti e blasonati stili di vita: ovvero i determinanti socioeconomici della salute. Tutto ciò ci spinge verso il futuro e verso il paradigma della medicina di inziativa.

Qui, invece, si propone un tuffo nel passato. Si scoprirà, si immagina, una maturità culturale e scientifica del dibattito che anticipa ciò che oggi non si riesce (o forse non si vuole) ad attuare.

Siamo d'accordo che il superamento (forse affiancamento) della medicina riduzionistica a impianto meccanicistico del filosofo Cartesio sia avvenuto nel XIX secolo, quando Rudolf Virchow disse che "La medicina è una scienza sociale e la politica non è altro che medicina su larga scala" e come medico propose di contrastare la diffusione del tifo in Alta Slesia con una terapia che prevedeva tre ingredienti principali: "istruzione, libertà e prosperità". Lo stesso medico, professore di anatomia all'Università di Berlino, sviluppò la tesi dell'origine multifattoriale delle malattie, sostenendo che erano le condizioni materiali della vita quotidiana delle persone la principale causa di malattia e di morte.

Il dibattito costituente segue esattamente un secolo dopo (1848-1947) la proposta della medicina sociale di Wirchow e, allora, forse non dovremmo essere tanto sorpresi dai discorsi pronunciati ma, piuttosto, dalla lezione che ancora oggi sembra non essere chiara a tutti.

Sull'art. 26 ha contribuito, nella formulazione e nel dibattito, anche il cosiddetto gruppo dei (costituenti) medici. Si riportano di seguito alcuni stralci molto interessanti degli onorevoli Spallicci e Cavallotti.

Il primo, nella seduta del 21 aprile 1947, descrive molto chiaramente la situazione sociale del paese e in modo ampio e penetrante affronta alcuni aspetti (Vol. II: 1093-1097):

> *[...] sia concesso anche ai medici, cui non fu dato entrare nelle Sottocommissioni, dire una loro parola. Metterò a fuoco l'articolo 26 del progetto di Costituzione.*
> *Qualcuno vi ha veduto un accenno pleonastico: tutelare la salute, promuovere l'igiene. Che cosa potrebbe fare di diverso uno Stato che si rispetti? Esistono dei doveri fondamentali di civiltà elementare su cui potrebbe sembrare ozioso soffermarsi. Ma, se abbiamo ammesso che la libertà personale è inviolabile, potremmo anche dare diritto di cittadinanza all'articolo che parla della sanità e promuove l'igiene. Questa provvidenza sanitaria non aveva incontrato le simpatie di una Repubblica molto lontana nel tempo, e direi anche nello spazio, perché era soltanto nella fantasia raziocinante di un filosofo, dico della Repubblica di Platone, perché i malati cronici, gli invalidi erano inesorabilmente estromessi da quello stato ideale.*
> *L'assistenza da parte dello Stato era consentita soltanto all'uomo sano che poteva incorrere in malattia di poco conto. Solo l'uomo sano aveva diritto di essere curato dal medico. Voi ricorderete, nella conversazione socratica, quel falegname che si rivolge al medico chiedendogli un rimedio, un revulsivo, un purgante, un emetico, che lo liberi sollecitamente dalla infermità che lo affligge.*
> *Non ho tempo, egli dice, per seguire un lungo regime; io debbo servire il mio lavoro, non posso servire la malattia. E allora, se resiste, bene, altrimenti è abbandonato al suo destino.*
> *Soltanto al ricco è adunque consentito di potersi curare? No, nemmeno a lui, perché l'assiduità delle cure inibisce l'esercizio della mente e della virtù. Qui sarebbero pregiudicati gli interessi della famiglia come là quelli dello Stato. Non metterebbe conto vivere se la vita dovesse scendere goccia a goccia nel lucignolo riarso della lampada prossima a spegnersi.*
> *E allora voi vedete che in questa Repubblica ideale entravano appena per la scala di servizio l'assistenza sociale e la tutela della sanità. L'ombra del Taigeto vi domina. Del resto Socrate, che metteva al bando i troppo cagionevoli di salute come anche i poeti, avrebbe preteso che i medici avessero in precedenza sofferto tutte le malattie, per fare su loro stessi quella esperienza che i nostri giovani fanno negli ospedali e nelle cliniche. D'altro canto si attribuiva al medico un duplice compito, curare i corpi e le anime. Rupe Tarpea e Taigeto, che abbiamo visto ritornare di fosca attualità ad opera del nazismo, col fuoco, coi gas, coi forni crematori per eliminare gli invalidi, i cronici e gli indesiderabili.*
> *Ma il dovere sociale incombe su di noi e ci detta nuovi compiti nella vita civile. Per comune accezione, tutti sanno che lo Stato è tenuto a provvedere*

*nei casi di epidemia alla difesa dei cittadini. Provvede contro assalti violenti o insidiosi, contro l'infezione malarica, ad esempio, che è tornata di triste attualità in Sardegna e nella media e nella bassa valle del Liri, nei pressi di Cassino, dove il provvidenziale, ma costoso D.D.T. riesce a risanare l'ambiente.*

*I compiti della salute pubblica sono ben altri. Noi caldeggiamo un'idea, che, naturalmente, non può trovar posto nella nostra Costituzione. Pensiamo alla obbligatorietà della visita. Lo Stato dovrà affacciarsi nella vita civile non soltanto col volto del questurino, a chiedere la carta d'identità, ma a chiedere anche la carta di sanità.*

*Bisognerebbe che ognuno vincesse quel pudore che si ha a volte di fronte a certe malattie. Dovremmo avere un'anagrafe che indicasse con precisione tutte le malattie cui possiamo andare soggetti. Questo potrebbe valere come difesa della collettività e come difesa dell'individuo.*

*Pensate, ad esempio, alle devastazioni cancerigne. Il malato non se ne accorge che quando la malattia ha fatto degli inesorabili progressi. Pensate alle devastazioni diabetiche. Ad esempio, un malato, colto da coma in mezzo alla strada e trascinato al pronto soccorso, viene sottoposto dal medico di guardia alla solita iniezione di olio canforato, che può non fargli più riacquistare i sensi, mentre una iniezione di insulina avrebbe potuto ridargli la vita. Ma questo si può ottenere dalla indicazione glicemica della carta di sanità, che il malato potrebbe avere in tasca. Così, il medico di guardia può comprendere questo S.O.S. dell'organismo in sofferenza e provvedere opportunamente.*

*Noi pensiamo a questa obbligatorietà, ma non ce ne nascondiamo le difficoltà.*

*In Inghilterra i medici sono stati ostili a questa innovazione. I medici inglesi considerano il malato come cosa privata, non pensano a questo grande sistema di socialità e di assistenza.*

*Abbiamo degli istituti di assistenza; non vorrei alludere a quelli, che hanno fatto così cattiva prova, come le nostre Mutue, le quali sembra che rendano più agli amministratori, che non ai malati ed ai medici. Dicevo, assistenza; noi dovremmo trovare il modo di assistere l'individuo giovando alla collettività. Vi sono compiti poi che lo Stato dovrebbe incoraggiare. Un giornale medico che ho sott'occhio me ne indica uno: quello della dietetica. In questi giorni, è stato inaugurato, a Niguarda, nell'Ospedale Maggiore di Milano, un corso di dietetica e il professore Ragazzi ha invocato che questo corso non sia soltanto riserbato ai medici, ma che questi ne diffondano le nozioni alle assistenti sanitarie, che dovrebbero, in questa carenza alimentare che ci affligge, sorvegliare le mense collettive, le mense aziendali. Sono avvenuti dei casi d'intossicazione, per totalismo da ingestione di carni guaste, in due stabilimenti industriali milanesi. La sorveglianza delle mense industriali può essere provvidenziale non soltanto per misurare il numero delle vitamine, il che potrebbe sembrare un'algebra alimentare, ma per impedire il consumo di alimenti deteriorati.*

*Dunque, dicevo, assistenza sanitaria, assistenza che non trasformi i malati in postulanti ed i medici in fiscali. Non bisogna rimettere nelle condizioni il medico di essere un fiscale. Chi ha vissuto durante la guerra nei posti di medicazione e di soccorso sa quale ribellione avveniva nell'animo del medico di fronte al soldato che si trasformava in autolesionista. Tutto questo cercheremo che non avvenga negli istituti di protezione della sanità di domani. Dunque, per il medico, la «pietà che l'uomo a l'uom più deve» e per tutti: una salus publica, che deve essere suprema lex; salus che non sia soltanto nel senso politico, ma anche una valetudo effettiva. Noi, che siamo degli ottimisti inguaribili, pensiamo che dopo il tempo buio ci attende una giornata di sole; noi, di fronte all'ignaro tubercoloso che disperde il proprio sputo quasi come un ordigno esplosivo a tutta offesa del prossimo, pensiamo alla Sancetta di Jenner, alla fiala di Behring, ai sulfamidici, alla penicillina; pensiamo che al di là della trincea c'è il vaiolo, le difterite, tutte le malattie infettive e dobbiamo e vogliamo dare uno scudo al cittadino perché si difenda.*

*Questo grande compito sociale non ci trova divisi, ma tutti riuniti nella difesa della Repubblica che coincide colla difesa dell'umanità.*

*Se noi abbiamo ammesso che tutti i cittadini, che tutti gli uomini sono uguali di fronte alla legge, dobbiamo anche affermare che tutti gli uomini sono uguali di fronte alla morte, ma dovremmo fare diseguali gli uomini in questo senso: faremo più provvidi e resistenti alle malattie quelli che seguiranno queste regole, questi principî, e quelli che sentiranno che non è soltanto lo Stato che deve tutelare, ma anche i cittadini stessi, che hanno un dovere da compiere ed un impegno che non possono tradire (Applausi — Congratulazioni).*

Emerge subito con forza, riprendendo un passaggio dell'introduzione a questo libro, oltre l'attualità e la chiarezza del dibattito, che la salute è un diritto sociale fondamentale dell'individuo, considerato sia come persona, sia come individuo appartenente ad un sistema organizzato in società. Lo Stato deve attuare questo principio fondamentale anche come interesse generale di tutta la società.

D'altra parte, ogni individuo ha il dovere di tutelare la propria sanità fisica anche per il rispetto della stessa collettività, e ha anche il dovere all'integrazione sociale dei singoli, all'educazione, alla promozione di motivazione e conoscenze conformi ai ruoli ricoperti nella società. La "società" spende somme cospicue nella speranza di ottenere poi un surplus di prestazioni dal nuovo nato, e se l'individuo muore presto o diventa inabile prima del tempo medio di vita attiva o incline ad essere malato immaginario, la società ci rimette. Parsons mette in evidenza come esista un interesse della società al controllo sociale della malattia anche in termini economici (1978:68): "*Una morte prematura, prima che l'individuo abbia avuto la possibilità di svolgere la sua quota completa di ruoli sociali, significa che il suo costo è stato rimborsato solo in parte*".

Anche l'Onorevole Cavallotti interviene su questi aspetti dell'art. 26 nella seduta pomeridiana del 22 aprile 1947, mettendone in evidenza i caratteri di connessione tra salute e economia, etica, politica. Egli pone a base del suo intervento "la reale condizione dei fatti" come elemento oggettivo che non può spostare le posizioni politiche verso ideologie che siano di destra, di sinistra, cattoliche o socialiste e via di seguito. Offre all'adunanza una rappresentazione "della situazione di fatto della salute del popolo italiano", della diffusione epidemiologica di malattie infettive (tubercolosi), dell'alta percentuale di mortalità infantile ecc.. Individua chiaramente nel tenore di vita, nelle abitazioni-tugurio senza illuminazione naturale e senza latrina e acqua, nella scarsa igiene e sovraffollamenti di case in cui si vive in dieci persone nella stessa stanza ecc., i fattori sociali determinanti la salute.

L'on. Cavallotti (Vol. II: 1129-1134):

> *[...] Mi ero domandato, mentre preparavo questo mio intervento, se l'articolo 26 avrebbe suscitato lo stesso interesse di altri articoli, ma debbo rilevare che l'articolo 26 della Costituzione non ha suscitato nell'Assemblea lo stesso interesse che hanno suscitato altri articoli forse perché alla povera salute è capitato di trovarsi tra la famiglia e la scuola, tra la dissolubilità e l'indissolubilità del matrimonio da una parte, e la scuola parificata e la scuola statale dall'altra.*
>
> *Sicché dalla lotta sostenuta fra i diversi gruppi politici su questi argomenti, la povera salute ne è uscita malferma, almeno nella discussione. Io avevo risposto di sì alla mia domanda, perché il diritto alla salute è il primo fra tutti i diritti, e, secondo me, il problema della salute investe problemi di diversa indole: economica, sociale, etica, politica quindi.*
>
> *Avevo risposto sì alla mia domanda perché il patrimonio salutare del popolo di questa terra, dove cittadini di tutte le nazioni vengono per ricuperare la salute, questo patrimonio è molto scadente ed è proprio su questa terra salubre che le masse lavoratrici perdono la salute. Ho risposto ancora di sì alla mia domanda, perché mi sono ricordato dell'episodio storico del dottor Championner, medico francese del secolo scorso, il quale, parlando col suo monarca, ironizzando sulle nuove teorie bacteriche di Pasteur e sulla relazione disastrosa fatta da Lister circa la salute dei cittadini francesi di quell'epoca, ebbe a dire: «Dicono che il vostro regno stia per essere disgregato da una miriade di esseri diabolici, i bacteri; e medici e scienziati affermano che l'unica politica vostra dovrebbe essere quella di ridonare la salute al popolo francese».*
>
> *Io vorrei riportare qui, in Assemblea, la frase di Championner, con un solo cambiamento, e non dispiaccia alla destra, quella della parola regno in repubblica. Passiamo all'argomento.*
>
> *Quando si discute il progetto di Costituzione, diversi possono essere gli obiettivi, perché diverse sono le ideologie a seconda dei diversi gruppi politici, diversi sono gli spunti tattici e le linee strategiche, ma c'è un punto che accomuna tutti i diversi gruppi politici, ed è la base di partenza: cioè la*

*reale condizione dei fatti, la situazione nella quale ci troviamo, la realtà obiettiva. E se per altri settori che non siano quello della salute, l'interpretazione di questa base di partenza può essere diversa, a seconda dei diversi gruppi politici, per quel che riguarda la salute abbiamo degli interpretatori che possiamo definire imparziali, cioè i medici, i sanitari, gli scienziati.*

*E permettetemi, onorevoli colleghi, di dire brevissimamente qualche cosa sullo stato di salute attuale del popolo italiano, perché è su questo che dobbiamo basarci per fissare i principî costituzionali a questo proposito. Non vi tedierò con numerose cifre statistiche anzi desidero farvi un quadro panoramico impressionistico; mi limiterò a ricordarvi che annualmente muoiono in Italia cinquantamila persone di tubercolosi. La cifra è stata fornita qualche settimana fa dall'Alto Commissariato per la sanità; e attualmente sarebbero tubercolotici circa 500 mila italiani. E mi permetterò anche di ricordarvi che, se è vera la tesi che per ogni tubercolotico censito vi sono cinque o sei sfuggiti all'indagine, noi ci troviamo di fronte ad una massa di italiani malati di tubercolosi che va dai due ai tre milioni.*

*Mi permetterò anche di ricordarvi che muoiono in Italia ogni anno più di cento e sei bambini lattanti su mille nati in quell'anno. Mi permetterò anche di ricordarvi il grande aumento, la grande diffusione delle malattie infantili, per noi doppiamente dolorose, perché minano il nostro popolo nel suo germoglio, nelle sue radici; e dolorose anche perché dobbiamo riconoscere che se i bimbi oggi stanno peggio di prima, se muoiono, è per colpa dei grandi. E volevo anche dirvi che certe malattie che noi medici vedevamo raramente nei nostri ospedali, nelle nostre cliniche e che chiamavamo curiosità, rarità cliniche, non sono oggi più curiosità né rarità perché affollano i nostri ospedali.*

*Questa è la situazione di fatto della salute del popolo italiano. E la ragione di tutto questo deve essere ricercata nel tenore di vita del popolo italiano, delle masse lavoratrici italiane: tenore di vita fatto di case-tugurio, dove il sole entra raramente, dove ci si dimentica delle più elementari norme di igiene. Se volete prove tolte da una inchiesta fatta nel 1934, vi dirò che da essa risultava che in quell'anno un milione e 400.000 abitazioni erano senza latrina e un milione e 800.000 abitazioni senz'acqua; vi dirò che risultava anche che a Napoli più di 30.000 persone dormivano in più di dieci nella stessa stanza. Oggi, con le bombe piovute dal cielo e le granate mandateci da cannoni nemici ed amici, Napoli ha perso il suo triste primato, l'ha ceduto all'Italia tutta, Napoli si è nazionalizzata nella sua sciagura.*

*Tenore di vita, quello del popolo lavoratore italiano, fatto di cinghie più o meno strette, ma sempre piuttosto strette che poco; e le pance vuote sono tristi complici di malattie. Tenore di vita, infine, fatto di alimentazione unilaterale, fatto di insopportabili ricordi fisici e morali di questa guerra che abbiamo passata.*

*Di fronte a questo patrimonio salutare così scadente, di fronte a quei 500.000 tubercolotici diagnosticati e ai due o tre milioni di tubercolotici presunti, abbiamo in Italia 60.000 letti sanatoriali; anzi, forse sono ancora di meno in questo momento, perché proprio questa mattina è venuta la noti-*

*zia che tremila letti di un complesso sanatoriale milanese verranno a mancare per ragioni economiche.*
*Di fronte a ciò, vi è una carenza di letti ospedalieri, per cui siamo scesi, in alcune regioni italiane, al mezzo per mille, quando la media delle nazioni civili è del sei per mille.*
*Di fronte a ciò, vi sono le visite, le cosiddette visite assicurative, le quali sono caratterizzate dalla mancanza di fiducia dell'assistito verso il medico da una parte; e dall'altra, dalla molta fretta del medico che ha un numero eccessivo di malati da visitare.*
*E ancora vi sono numerose file di troppo ingenue medicine, lo ha già ricordato ieri il collega onorevole Spallicci, e vi sono anche numerose file di altrettanto ingenui sciroppi che formano la farmaceutica delle classi meno abbienti. Vecchi decotti dell'illusiva scienza medica del secolo scorso, nuove soluzioni che hanno una proprietà, quella di nuocere. Vi è poi un insieme di organismi assistenziali i quali lavorano autonomamente, ciascuno per proprio conto, qualche volta anzi addirittura in contraddizione l'uno di fronte all'altro. Tutti quanti poi fanno questo bel servizio, di far girare l'ammalato da un istituto all'altro, prima di ricoverarlo, prima di aiutarlo.*
*E accanto alle istituzioni controllate dallo Stato, vi sono le cosiddette istituzioni private — i cosiddetti istituti di beneficenza — con le loro crisi spasmodiche di attività e quelle negative di afflosciamento. La mia critica può sembrare superficiale, ma investe diversi settori.*
*Questa mia critica, onorevoli colleghi, investe prima di tutti gli altri, il settore economico. Forse qui parlo in anticipo sul titolo terzo del progetto costituzionale: ma non voglio dire che poche parole. Ho detto che la mia critica investe particolarmente il settore economico perché, a proposito del problema della salute, c'è da rispondere ad una domanda cui ancora non abbiamo risposto per altri problemi: chi paga? Chi paga quella che possiamo definire la ricostruzione della salute? Noi sosteniamo che i lavoratori non debbono pagare più, come hanno pagato sino ad ora; noi sosteniamo che quella aliquota, cosiddetta assicurativa, non debba essere più sottratta dal salario, ma debba anzi essere parte integrante del salario stesso.*
*Ma, in pratica, come possiamo rispondere alla domanda poc'anzi formulata: chi paga? Ci sono patrimoni che si possono far gravare di molte imposte; ci sono oggetti di lusso i quali possono essere sottoposti a tassazione; tassazione su coloro che adoperano il superfluo, in vantaggio di coloro che domandano la salute.*

Il costituente onorevole Alberto Maria Cavallotti anticipa chiaramente temi attuali e che vedono le scienze sociali e la stessa medicina a dibattere sui paradigmi socio-economici e organizzativi della salute.

Sostanzialmente, anticipa il tema del cosiddetto gradiente socio-economico e delle disuguaglianze di salute come rilevanti fattori esplicativi della quantità di vita e della qualità di vita. Rispetto a quest'ultimo aspetto, si ricorda come a partire dal programma quadro UE in materia di sanità 2003-2008 sia stato introdotto l'indicatore degli anni di vita in buona salute

AVBS. Questo indicatore viene oggi diffusamente utilizzato sia per misurare il differenziale AVBS rispetto al totale degli anni di aspettativa di vita della popolazione over 50 (misura della qualità della vita) sia per proiettare le esigenze di programmazione dei servizi sociosanitari nel futuro.

Risulta ormai chiaro, infatti, quando si valutano e si comparano i risultati dei sistemi sanitari in termini di longevità delle popolazioni di riferimento, che tra i paesi industrializzati avanzati che garantiscono un accesso equo ai servizi, non esiste praticamente nessuna correlazione tra la spesa (e quindi le disponibilità di servizi e operatori) e la speranza di vita. Questo fatto non deve, in effetti, sorprendere, perché come visto, altri fattori sono più atti a produrre "longevità" e quindi a spiegare tali differenze.

Sulla forte correlazione della condizione socio-economica con lo stato di salute/malattia altri studi (Eurohealthnet, 2006) hanno verificato che:

- la mortalità, la morbosità e gli incidenti nell'infanzia sono prevalenti nei gruppi socialmente svantaggiati;
- i comportamenti dannosi per la salute quali fumo, cattiva alimentazione e carenza di attività fisica sono prevalenti negli strati più poveri della popolazione;
- il rischio di sviluppare malattie croniche in età adulta, per es. malattie alle coronarie o depressione, è più elevato per le persone con un *background* socio-economico basso e la mortalità prematura è più frequente.

Le politiche di igiene-prevenzione-promozione della salute ritornano dunque nel discorso, così come introdotto all'inizio di questo capitolo. Se le definizioni multidimensionale e intersettoriale di salute dell'OMS (2006, 2009) e della citata Carta di Ottawa, già presenti sottotraccia nel dibattito costituente come appena riportato, hanno delineato un fondamentale modello di riferimento normativo da perseguire da parte dei sistemi sanitari, allo stesso tempo queste definizioni non sempre coincidono o permettono di analizzare analiticamente la connessione tra fattori coinvolti nella rappresentazione e costruzione sociale della salute.

Il costituente Cavallotti individua chiaramente l'importanza anche della relazione della salute con l'ambiente.

Questa, è da intendersi dal sociologo, in genere, come ambiente fisico-habitat delle società umane e degli altri esseri viventi non umani rispetto al sistema sociale. Troviamo nella sociologia connessionista di Ardigò (1997) una proposta di analisi, su base empirica e di tipo analitico, sulla relazione (connessionista) tra strutture sociali che sono all'origine del fenomeno socialmente rilevante come quello di salute. Nel quadrilatero proposto da Ardigò, rispetto alla salute, "l'ambiente" è identificato nel polo concettuale di natura esterna (che in seguito sarà indicato ambiente) che assume rilevanza analitica nell'interconnessione con gli altri poli concettuali di: natura interna – individuo considerato sulla base bio-psichica e unità corpo-cervello-mente –, sistema sociale – organizzazioni sanitarie di tutela della salute – e persona – soggetto attore intenzionale e dotato di coscienza nelle interazioni sociali e con la natura in genere –.

Tra gli aspetti di sicuro interesse (insieme ad altri che non è qui possibile approfondire) vi è quello dell'inquinamento, il surriscaldamento del pianeta e le conseguenze climatiche ed ecologiche: essi costituiscono solo alcuni dei fattori che mettono l'ambiente nella veste di responsabile di effetti patogeni. Paradossalmente, nella società del rischio (Beck, 2006) l'innovazione tecnologica operata dall'uomo ha modificato l'ambiente prestando poco interesse ai pericoli per la salute umana, in alcuni casi catastrofici (disboscamento, frane, disastri petroliferi, ecc.). Nella società del rischio (se non della catastrofe) il processo di globalizzazione influenza la vita degli individui al punto che essi vivono la propria esistenza in maniera parcellizzata, condizionata dalle logiche dei diversi sistemi parziali della loro esistenza sociale (lavoro, politica, vita privata) ed esposta ai rischi della globalizzazione stessa (Beck, 2008).

Una mutata dimensione della responsabilità collettiva che sembra minacciata sempre più da agenti esterni incontrollati e incontrollabili, una perdita di sicurezza e di fiducia nelle istituzioni, sono alla base, secondo il sociologo tedesco, di un individuo che tende a condurre la propria vita in modo autonomo e a politicizzare la propria vita (ma anche la propria morte) e il proprio stile di vita contrapposto a stili di vita divergenti, ciascuno dei quali assume verità proprie e difficilmente conciliabili tra loro.

Se nella società moderna rischi e malattie specifiche sono correlati all'industrialismo e all'urbanizzazione, la società post-moderna mette, appunto, l'accento su altri fattori patogenetici.

L'epidemia CORONAVIRUS (Covid-19) ci fa ri-scoprire cittadino-ambiente globale e globalizzato, ossia un unico ambiente sociale su scala mondiale come prodotto delle interconnessioni tra società umane e esseri viventi non umani, vista la certezza scientifica dell'origine di questo virus (in realtà anche di altri virus di epidemie recenti) di tipo animale e poi trasmesso all'uomo.

L'interconnessione ardigoniana tra ambiente esterno e ambiente interno costituisce sempre una valida chiave di lettura sociologica aggiornata secondo i nuovi canoni della (inter)connessione fisica e digitale, globalizzazione e tecnologia: circolazione veloce di grandi masse di persone e mondi vitali web interiorizzanti e interiorizzati.

Anche la citata "società del rischio" di Beck può euristicamente continuare a spiegarci che viviamo la nostra contemporaneità con il rischio, inteso come un'entità che non vediamo ma che sappiamo che esiste. Il rischio è un elemento costitutivo ma – complice coronavirus – sta diventando più chiaramente elemento trasformativo della società odierna, intesa come entità globale. L'interconnessione globale sfugge al controllo dell'uomo e della cultura (scienza) e diventa moltiplicatore incontrollato e incontrollabile dall'uomo stesso. Questa condizione dell'uomo intrappolato dal (e nel) suo ambiente fisico-sociale caratterizza e fotografa un'umanità spaventata da se stessa e con un sentimento ambivalente nei confronti della scienza: da un lato è fautore dello sviluppo di un progresso scientifico e tecnologico senza vincoli e equilibrio complessivo, dall'altro lato essa assume oggi evidentemente una posizione di dimensione sociale di assoluto dominio. I sistemi politici, economici e coercitivi, come anche tutti gli individui, si affidano alla scienza.

Sembra configurarsi un nuovo paradigma sociale in cui la sovrastruttura tecno-scientista domina sull'economia, una sorta di scientizzazione della politica e delle decisioni politiche su tutti i settori della società, sulle agenzie di socializzazione e, naturalmente, sugli individui.

La scienza ha condotto la società all'assunto "la realtà siamo noi", realtà in cui l'organizzazione sociale ha fatto progressi fantastici, come nel campo della medicina, dei trasporti, di internet.

L'epidemia COVID-19 ha posto, all'improvviso e tragicamente, la società umana in una "nuova realtà" in cui la natura sembra ribellarsi al dominio tecnologico e ha "mandato in tilt" l'organizzazione sociale. L'agente selettivo, bruscamente e per il cosiddetto principio di realtà, torna a essere la natura e/o la patologia, e non la società e la sua cultura.

La società cosiddetta post-moderna è stata colta di sorpresa e il proprio dis-orientamento è dovuto, in parte, all'eccesso di delega al fattore tecnologico, alla crescita di artificialità nelle condizioni di vita e di salute in particolare, e che hanno collocato il soggetto umano nell'ambiente – concepito e rappresentato come indeterminato – di un sistema di relazioni socialmente costruite – ossia prive di riferimenti alla natura comunque intesa. Siamo nel dibattito natura/cultura.

### *3.2.2. Salute, natura e cultura*

Le società cosiddette post-moderne si caratterizzano per la radicale messa in discussione del rapporto natura-cultura in ciò che definisce, procura e conserva la salute. Il trend storico è quello di manipolare la natura fino a farne una costruzione artificiale in tutto e per tutto padroneggiabile dall'uomo. La speranza è quella di avere tecnologie "pulite", non soltanto in senso fisico, ma anche in un senso più generale di ripercussioni positive sul piano psichico e sociale. Nello stesso tempo le società avanzate caricano il simbolo della salute di nuovi significati e di nuove pratiche. Il concetto naturalistico (bio-organico) viene allargato a dimensioni non strettamente fisiche, di cui cresce l'importanza e la carica interazionale. La salute, insomma, è diventata una nuova costruzione sociale.

Un aspetto importante per la sociologia della salute (Cipolla, 2009: 124) è costituito dal passaggio della medicina intesa come controllo della salute/malattia ad una medicina sempre di più orientata al miglioramento ed all'ottimizzazione del proprio stato fisico, biologico e mentale. Tutta la società si mette sulla via della biomedicalizzazione (tecnologie mediche, genomica, farmacologia, bioscienze e così via), sospinta da istanze di economia biopolitica della vita e della morte ed esacerbata dallo "star bene" concepito quasi come un dovere/obbligo. La biopolitica ci sospinge a sentirci più forti (del più forte), più belli e più adatti, violando la selezione naturale di Darwin.

Natura e cultura si fondono; si scelgono i geni migliori e si utilizzano in modo intenzionale e non casuale/naturale. La cultura, attraverso le scienze dell'artificiale, domina la natura, la modifica e/o la manipola secondo schemi o istanze della biopolitica della vita e della morte, appunto.

Cipolla parla della salute come religione dei nostri tempi; sembra infatti di essere storditi da la religione della salute (Lütz, 2008) in un'epoca in cui il dibattito sulle visioni del mondo sta lasciando spazio ai dibattiti sulle visioni dell'uomo.

Nella società della religione della salute si cade/cadrà allorquando possiamo/potremo mutare i nostri presupposti genetici (Maturo, 2012) e naturali per via biomedicale. In questa società, il diritto di cittadinanza presuppone la pienezza di tutte quelle capacità psicofisiche, intellettuali e culturali, prima fra tutte la salute fisica e mentale, che permetterebbero di assicurare all'individuo la piena espressione di sè.

A tal fine, tra i fattori più importanti da considerare vi sono: la nuova realtà dell'invecchiamento della popolazione, con i suoi effetti nei rapporti inter-generazionali, nella definizione sociale delle età della vita, e problemi nella sfera della fertilità e della fisiopatologia della riproduzione umana; l'aumento delle malattie cronico-degenerative e di disabilità, fenomeno dovuto, come detto, al fatto che i successi della medicina consentono di mantenere in vita più a lungo molti cronici e disabili; il fenomeno delle nuove aspettative sollevate dalle tecnologie sanitarie e i problemi di salute collegati alla mentalità che le accompagna; le nuove stratificazioni sociali nell'accesso e nell'uso degli strumenti di cura nell'era della scarsità delle risorse finanziarie e delle scelte legate a criteri di efficienza ed efficacia gestionale in un campo non economico.

Che le società siano iper-complesse, allora, non vuol dire banalmente che esse siano scarsamente dominabili (di fatto, tutte le società hanno fatto l'esperienza della non padroneggiabilità del mondo, e ne avevano una certa rappresentazione) ma che, proprio mentre cercano di risolvere certi problemi di salute, generano altre patologie.

Sulle pratiche (e sui rischi) di una "teoria del miglioramento" troviamo, ancora una volta, tracce chiare nel dibattito costituente.

Nella seduta del 21 aprile 1947, è l'onorevole Spallicci a sostenere l'argomento dell'eugenetica e della creazione/selezione di razze e altro (Vol. II: 1095-1096):

> *[...] Nello scorcio del secolo passato, verso il 1865, se non erro, fu un inglese, il Francis Gaerton, che iniziò questo apostolato dell'eugenetica e non era forse la prima voce che si levava perché già il nostro Campanella nella sua Città del Sole aveva pensato di selezionare le coppie destinate al matrimonio. Gaerton si era riproposto il problema. Si era detto: perché essere così provvidi e attenti nelle selezioni dei cani, dei cavalli, dei conigli e non pensiamo alla razza umana? Dal 1865 al 1905 egli lanciò questa idea di una responsabilità eugenica del matrimonio. L'argomento fu molto discusso allora e in vario senso. È noto che certe malattie, come l'epilessia, come la mania depressiva, come la demenza, provocano delle anomalie ereditarie. Come provvedere? In Italia già nel 1913, per opera dell'Artom, del Niceforo, del Mangiagalli, del De Sanctis, si era fondato, presso la Società romana di antropologia, un comitato di studi di eugenetica. Poi, con il Pestalozza ed il Gini, si fondò un'altra società che aveva gli stessi compiti. Ma se l'eugenetica si studia di porre i problemi della trasmissione ereditaria dei caratteri, e pone l'accento sulle devastazioni prodotte nella prole dall'alcoolismo e dalla criminalità, la nostra civiltà latina non varca mai i confini di quella eutanasia che vorrebbe sopprimere i disgeni come antisociali.*
>
> *Noi ricordiamo le parole di un poeta, Maurizio Maeterlink: I medici e i sacerdoti, accostandosi al letto del malato o del morente, rendono sempre più paurosa l'idea della morte. Si allontanino, rivedano un pò le loro idee — diceva sempre il Maeterlink — giorno verrà in cui la scienza non esiterà ad abbreviare le nostre disgrazie, la morte sarà una cosa dolce e serena. La vita se ne andrà, piano piano, come la luce del giorno cede al crepuscolo della sera.*
>
> *Ma, dicevo, per la nostra civiltà latina questo argomento è già superato di gran lunga. Possiamo ripetere con orgoglio le parole di un grande maestro,*

*Augusto Murri: «Fra noi ed il malato sta tacito, ma sacro, il giuramento che fino all'ultimo suo respiro noi combatteremo per sottrarlo alla morte».*
*Ho accennato a questa idea di eugenetica, perché un tempo si parlò a lungo di certificati pre-matrimoniali. Si disse un tempo che bisognava creare delle razze elette, ma io non ho nessuna intenzione di sfogliare davanti a voi le romanticherie di «Un giorno a Madera», né tornare sull'argomento di un tempo, perché questi selezionatori avevano sì, indubbiamente, concetti sani e lodevoli, si preoccupavano realmente della vita della società, ma scordavano anche la vita spirituale. Il matrimonio non ha solo finalità procreative. Dal Soglio pontificale, in una Enciclica del 31 dicembre 1931 si disse che: non terrae et tempori sed coelo et aeternitati generarim. Non dimentichiamo questa duplice missione del matrimonio. Come fra la dittatura e la libertà sconfinata, così fra questa eugenetica, considerata troppo rigorosamente, ed una specie di agnosticismo che considera la malattia come una specie di fatalismo, c'è questa via di mezzo della diffusione delle norme igieniche, per cui tutti quanti dovrebbero realmente porsi il problema del matrimonio ed il problema della ereditarietà, nel giorno in cui scelgono la compagna della propria vita.*
*Dovremmo noi restare indifferenti, per esempio, a quegli incroci tra razza bianca e razza nera, che hanno tanto preoccupato la nazione inglese?*
*Lungi da noi il pensiero di razza inferiore o razza superiore.*
*Chi rivendica a maestro Arcangelo Ghisleri, lascia ben volentieri certi temi ai nazionalismi esasperati delle supernazioni. Ma questi incroci tra razze che hanno scarsa affinità non sono fatti per migliorare il nostro tipo umano.*
*I mulatti sono scarsamente resistenti al logorio ambientale dei nostri climi e molto vulnerabili dal dente delle malattie.*
*In Italia ne abbiamo 11.000 (statistica dal gennaio al giugno 1945). Su queste creature noi ci curviamo con la stessa trepidazione con cui ci curviamo sopra tutte le culle, come davanti a un punto interrogativo del mistero della vita. E pensiamo, col rossore nel volto, che questo colore italo-nero, nelle guance di questi bimbi rappresenta il senso di abiezione della Patria; e questo senso di tristezza lo sentiamo tutti quanti nel cuore, come senso angoscioso di responsabilità per tutti. Ad un dato momento, questa ondata di corruzione è passata sul nostro Paese, perché, oltre alle violenze delle truppe saccheggiatrici, liberatrici, ossessionate dal sensualismo, c'è stata anche la prostituzione e la corruzione. Noi ci volgiamo a questi illegittimi collo stesso sguardo con cui guardiamo tutti gli altri nostri bambini.*

Si scorge, dunque, seppure *in nuce*, l'idea di una "scienza" già proiettata sulla via che oggi chiamiamo della biomedicalizzazione o della medicina predittiva in cui l'individuo tenta di affermare le sue preferenze e i suoi gusti. L'individuo, in questo contesto tenderebbe a caratterizzare in maniera nuova i ruoli svolti all'interno della struttura dei rapporti, esercitando con forza (razionalismo della modernità) una soggettività personale nell'affermazione della propria libertà e nella rivendicazione di diritti culturali sempre più ampi. Il suo obiettivo è: autodeterminazione e potere (più che libertà) di scegliere in ogni situazione (Touraine, 2008).

Questo modello bio-medico scientista a prevalente apporto di scienze dell'artificiale ha riacceso (oltre le obiezioni di carattere etico) la discussa separazione cartesiana tra res cogitans e res extensa.

Le prospettive ottimistiche di tale modello contribuiscono a rafforzare la ben nota ideologia del determinismo tecnologico nel campo della salute e della medicina.

Questo modo di ragionare della scienza moderna, di derivazione illuministica, tuttavia, non fa i conti con le proprie riduzioni e i propri esiti nell'impatto con la realtà, e quindi in un certo senso è come se operasse al di fuori della società, ma per la società ed i suoi individui. Il progresso tecnologico e la ricerca milionaria mossi dagli interessi economici delle multinazionali non prendono neppure atto della crisi della modernità e del paradigma scientifico che le corrisponde, non hanno compreso i cambiamenti generali che si vanno producendo nella società.

La sociologia ha preso le distanze e ha criticato ogni determinismo, scientifico o tecnologico o di ogni altro tipo, e ha indicato quali punti essenziali:

- molte malattie sono sorte e si stanno diffondendo, in particolare tumori, disturbi psichici, malattie del sistema nervoso e agli organi dei sensi;
- l'allungamento delle aspettative medie di vita deve certamente essere ricondotto anche alle nuove tecnologie, inclusi i farmaci, ma sappiamo – ed è dimostrato – che tale progresso è dovuto molto di più a fattori non-medici, come la migliore alimentazione e igiene, nonché ad altre opportunità e risorse, senza però trascurare anche gli effetti patogeni dell'eccessivo consumismo;
- l'importanza del tema dell'aumento degli handicaps e/o nuovi malati che sopravvivono solo grazie a tecnologie, per cui molti individui sopravvivono in condizioni fisiche menomate o comunque problematiche, mentre un tempo non avrebbero potuto sopravvivere.

Si pensi anche alle cosiddette nuove patologie della modernità: per es. le tossicodipendenze e le dipendenze da non sostanza, i nuovi suicidi o tentati suicidi, le patologie da isolamento e solitudine, da uso non appropriato delle tecnologie di ogni tipo e l'internet disorder, nonché le patologie da forme tradizionali di devianza (come l'alcolismo).

Queste patologie, la cui entità non sempre viene presentata in modo attendibile dalle statistiche ufficiali, non solo non diminuiscono, ma incontrano invece processi morfogenetici di adattamento. A questi occorre aggiungere le conseguenze ignote delle nuove bio-tecnologie della riproduzione umana, gli effetti iatrogeni (Illich, 1976) dei sistemi sanitari, le nuove malattie relazionali di carattere psicologico o psichiatrico, i disturbi legati a sindromi di dipendenza e di relazionalità debole, i disordini somatici influenzati da stress, ed altri.

### *3.2.3 Salute e questione demografica*

I mutamenti demografici e i bisogni di cura degli anziani costituiscono un fenomeno estremamente rilevante, non solo in Italia, ai fini del sistema di welfare e dell'universalismo delle cure sanitarie (programmi di integrazione tra servizi sanitari e servizi sociali e fra personale statale e personale privato volontario; sperimentazioni di tecnologie comunicative attraverso il web per ridurre le complessità gestionali centralistiche).

Limiti finanziari all'espandersi dei sistemi di welfare, disponibilità sempre inferiore di *care-giver* familiari non pagate, aumento delle persone fragili e non autosufficienti metteranno ad una più difficile prova tutto il sistema.

Volgendo lo sguardo ai possibili scenari futuri nel rapporto invecchiamento della popolazione e sostenibilità della spesa sociosanitaria, possono essere utili i dati del (EPC, 2018) Rapporto del Comitato di Politica economica dell'UE 2018 sugli effetti dell'invecchiamento della popolazione europea sulla spesa pubblica sanitaria e assistenza agli anziani nella proiezione temporale 2020-2050, che mettono in evidenza per l'Italia, in generale e come concetto una spesa sanitaria in crescita costante di quasi due punti percentuale nell'intero periodo con un valore complessivo dell'8,6% del PIL nel 2050 e, in particolare, una spesa per l'assistenza agli anziani in crescita di 0,5 punti percentuale con un valore complessivo di 1,3% del PIL nel 2050.

Inoltre, per Ardigò (2006) la complessità dell'evoluzione della struttura demografica e famigliare italiana (si pensi a richieste di *welfare state* di coppie tra "diversi") è alla base di una pluralizzazione di forme societarie che produce una divisione tra i membri della società e un allontanamento dalla condivisione di sentimenti morali. La famiglia ed in particolare la famiglia numerosa per Durkheim (1987) costituisce un elemento di integrazione sociale condiviso da tutti i membri della società e assegna alla coppia il ruolo di "funzionari dell'associazione familiare".

Occorre che questo processo sia rapido, poiché ancora oggi non risulta esservi stata cognizione del mutamento socio-demografico e del cambiamento dei nuclei familiari visto che, anacronisticamente, si continua a "delegare" il compito dell'assistenza di base agli anziani non autosufficienti alle famiglie (ultra ottantenni con pluripatologie, malati mentali, vecchi in stato di solitudine).

Sulla condizione degli anziani e la loro assistenza sociale troviamo un altro stralcio del dibattito costituente. L'Onorevole Spallicci nella seduta del 21 aprile 1947 (Vol. II: 1094):

> *[...] Ma vi è un'altra assistenza, che si esplica in momenti di tregua patologica: essa è quella assistenza sociale di cui sono segno tangibile gli istituti per la invalidità e la vecchiaia. In questo campo, noi vediamo che anche l'articolo 34, dei rapporti economici, ritorna sull'argomento, come già vi accenna l'articolo 26.*
>
> *Chi abbia avuto campo di visitare questa desolata umanità degli invalidi e dei vecchi che si raccolgono nelle corsie di quegli istituti, ha avuto la sensazione di una rassegnata vecchiaia che, nell'affievolimento degli affetti della famiglia, non vede attorno a sé, non dico quella poca gioia dell'urne dopo il compianto dei tempi acherontei, ma neppure alcuna speranza, nella squallida ora del giorno, per questa carenza affettiva che anticipa nei congiunti la rituale rassegnazione per il previsto giorno del lutto.*
>
> *Le bocche inutili, quando se ne vanno non inducono al pianto. Forse le nostre classi meno abbienti vanno gradualmente assuefacendosi a questa dura legge degli assedi?*
>
> *Necessità è una spietata legge. L'operaio, l'impiegato, il pensionato, condannato a vivere in quei campi di concentramento che è il grande agglomerato urbano, e in perpetua contesa col caroviveri, col caro-alloggi, col caro-salario, col caro-stipendio, col metro della breve risorsa deve misurare l'indispensabile.*
>
> *Ed allora non c'è posto per il vecchio. Il vecchio deve essere abbandonato alle cure dello Stato. Se una legge impone ai genitori l'obbligo di alimentare, educare ed istruire i figli, noi pensiamo che ce ne debba essere anche un'altra che imponga ai figli di alimentare i genitori che siano incapaci al lavoro per vecchiaia o per invalidità.*
>
> *Mi direte: Codice civile. Va bene. Mi direte: principî ovvi di morale; ma pensate che tutta la civiltà millenaria della Cina è basata su questo affetto filiale.*

### *3.2.4 Salute e fiducia medico-paziente*

Visto secondo la prospettiva metafisica del paradigma bio-medico scientista d'ispirazione cartesiana, il medico è proiettato culturalmente ad occuparsi esclusivamente della malattia (non del malato o della "persona") e tutta l'organizzazione sanitaria è ispirata dal conseguente approccio riduzionistico meccanicistico. Potremmo semplificare facendo riferimento, in tal senso, alla logica della EBM (*Evidence-based-medicine*).

Visto secondo la prospettiva dell'umanizzazione e della personalizzazione delle cure medico-sanitarie – si pensi al nuovo indirizzo della medicina sartoriale, su misura – il medico proietta culturalmente la propria attenzione anche verso la sfera biografica e il vissuto personale quale importante fonte informativa che lega il paziente alle proprie relazioni di mondo vitale. In campo sanitario, tali processi comunicativi intersoggettivi, pure apparentemente banali, se trascritti e trattati sociologicamente, possono rivelare, all'avviso di questi micro-analisti dell'integrazione sociale, anche ciò che di norma non viene, erroneamente, recepito dagli addetti al controllo medico.

Anche questo aspetto è stato presente nel dibattito costituente, ovvero quella che oggi viene definita *relazione medico-paziente* e la posssibilità di *libera scelta del medico* da parte del paziente!

L'Onorevole Cavallotti nella 22 aprile (Vol. II:1130-1131)

*[...] Di fronte a ciò, vi sono le visite, le cosiddette visite assicurative, le quali sono caratterizzate dalla mancanza di fiducia dell'assistito verso il medico da una parte; e dall'altra, dalla molta fretta del medico che ha un numero eccessivo di malati da visitare.*

*E ancora vi sono numerose file di troppo ingenue medicine, lo ha già ricordato ieri il collega onorevole Spallicci, e vi sono anche numerose file di altrettanto ingenui sciroppi che formano la farmaceutica delle classi meno abbienti. Vecchi decotti dell'illusiva scienza medica del secolo scorso, nuove soluzioni che hanno una proprietà, quella di nuocere. Tutti quanti poi fanno questo bel servizio, di far girare l'ammalato da un istituto all'altro, prima di ricoverarlo, prima di aiutarlo. E accanto alle istituzioni controllate dallo Stato, vi sono le cosiddette istituzioni private — i cosiddetti istituti di beneficenza — con le loro crisi spasmodiche di attività e quelle negative di afflosciamento. La mia critica può sembrare superficiale, ma investe diversi settori.*

*La mia critica investe anche il settore tecnico-organizzativo. Voi sapete che in Italia esiste una medicina propria delle classi lavoratrici: essa è la medicina assicurativa. Tale medicina oggi dà ben scarsi risultati, e vi sono alcuni che trovano a decine a decine le ragioni della deficienza di questa medicina assicurativa: mancanza di persone capaci che l'amministrino, mali burocratici, mancanza nell'amministrazione e direzione, degli interessati, i lavoratori. Ma c'è anche un altro male, la cui guarigione dovrà risultare, io lo spero, nel progetto di Costituzione, ed è questo: la mancanza di fiducia che il malato ha verso il medico cosiddetto assicurativo.*

*Dobbiamo svelarci, colleghi medici, ai colleghi deputati? Facciamolo.*

*Noi abbiamo la brutta abitudine di prescrivere delle medicine. Qualche volta le prescriviamo sicuri che esse facciano bene all'ammalato; molte volte ci illudiamo semplicemente che esse possano recargli giovamento; e qualche altra volta ancora prescriviamo medicine, perché dobbiamo ben dare qualche cosa in cambio dell'emolumento della nostra visita.*

*Ma, oltre a queste medicine, noi medici siamo convinti dell'esistenza di un'altra medicina, della quale non possiamo segnalare il significato scientifico, che la prassi giornaliera ci dice esistere: la fiducia del malato verso il medico. Quando c'è la fiducia nel medico, l'ammalato guarda verso la guarigione; quando la fiducia nel medico non c'è, l'ammalato guarda verso la morte.*
*Che cosa vuol dire questa fiducia? Questa fiducia vuol dire libera scelta, da parte dell'ammalato, del medico che lo deve curare.*
*Ed a questo proposito sono stato incaricato dall'Associazione dei medici liberi professionisti della provincia di Milano e poi ancora dal Consiglio dei Medici fiduciari delle Casse Mutue, di esporre all'Assemblea Costituente i desideri di questi sanitari, e cioè che il progetto di Costituzione garantisca il rapporto di fiducia fra medici ed assistiti. Qualunque sia la organizzazione futura sanitaria, si deve garantire questo al malato, di scegliere il medico che desidera.*

La letteratura sul rapporto medico-paziente è vasta e tocca diversi livelli e tende a modellarsi culturalmente in modi diversi a seconda del paradigma biomedico interpretato dagli attori in un sistema dato.

Talcott Parsons (1996) mette in evidenza la professione del medico quale portatore di ruolo sociale primario. Per questo ruolo suo proprio, egli deve sapere anche trovare le vie per comunicare con il paziente e la sua famiglia cogliendo le più riposte intenzionalità e motivazioni. Per Parsons è rilevante l'importanza del ruolo del medico, non solo come terapeuta clinico specifico ma anche come controllore sociale delle motivazioni dei pazienti, specialmente di quelle che potrebbero degenerare in condotte intrinsecamente devianti.

Karl Jaspers scriveva (1991:6):

*"Ciò che il malato pensa della sua malattia, ciò che si aspetta, teme, augura e spera, sembra essere un fattore che incide sul decorso stesso della malattia. Il malato interpreta a suo modo quanto il medico dice e fa". A sua volta, "il medico non ha solo la responsabilità dell'esattezza delle sue affermazioni, ma anche quella del loro effetto sul malato".*

Nell'ambito della relazione e personalizzazione del rapporto medico-paziente, dagli anni duemila si è avuto un maggior rilievo scientifico da parte della classe medica del cosiddetto approccio fenomenologico-ermeneutico (Kleinman, 1988; Good, 1999). Approccio sviluppatosi all'interno delle scienze sociali e, soprattutto dagli anni duemila, anche in Italia (Giarelli, 2010): lo studio della trama narrativa entro la quale si collocano le interazioni tra medico e paziente diviene interesse e buona prassi di molteplici contesti accademici ed istituzionali. Si riconosce la dimensione terapeutica della narrazione, anche attraverso l'uso di dispositivi comunicativi elettronici, della propria malattia, come esperienza soggettiva peculiare.

Sviluppare metodologie, tecniche e capacità analitiche, che tengano conto della complessità inesauribile di questi processi, è di fondamentale importanza. La *narrative medicine* è un'opportunità attraverso la quale affrontare la malattia nel suo quadro complessivo, incidendo positivamente sulla *compliance* del paziente e restituendo all'incontro clinico la possibilità di costruire ed ampliare in modo partecipato le dimensioni dell'anamnesi, nel rispetto dei principi di umanizzazione e personalizzazione delle cure.

Infine, si riporta un breve estratto del dibattito del 21 aprile 1947 in cui troviamo l'indicazione futura per il concetto di *Health Personal Record.* L'Onorevole Spallicci anticipa, *in nuce*, il Fascicolo sanitario elettronico e presenta *La carta di sanità* (Vol. II: 1095):

> *[...] I compiti della salute pubblica sono ben altri. Noi caldeggiamo un'idea, che, naturalmente, non può trovar posto nella nostra Costituzione. Pensiamo alla obbligatorietà della visita. Lo Stato dovrà affacciarsi nella vita civile non soltanto col volto del questurino, a chiedere la carta d'identità, ma a chiedere anche la carta di sanità.*
> *Bisognerebbe che ognuno vincesse quel pudore che si ha a volte di fronte a certe malattie. Dovremmo avere un'anagrafe che indicasse con precisione tutte le malattie cui possiamo andare soggetti. Questo potrebbe valere come difesa della collettività e come difesa dell'individuo.*
> *Pensate, ad esempio, alle devastazioni cancerigne. Il malato non se ne accorge che quando la malattia ha fatto degli inesorabili progressi. Pensate alle devastazioni diabetiche. Ad esempio, un malato, colto da coma in mezzo alla strada e trascinato al pronto soccorso, viene sottoposto dal medico di guardia alla solita iniezione di olio canforato, che può non fargli più riacquistare i sensi, mentre una iniezione di insulina avrebbe potuto ridargli la vita. Ma questo si può ottenere dalla indicazione glicemica della carta di sanità, che il malato potrebbe avere in tasca. Così, il medico di guardia può comprendere questo S.O.S. dell'organismo in sofferenza e provvedere opportunamente.*
> *Noi pensiamo a questa obbligatorietà, ma non ce ne nascondiamo le difficoltà.*

# *Art. 32 della Costituzione Italiana.*
# *I lavori preparatori dell'assemblea Costituente*

## 1. L'Assemblea Costituente

L'Assemblea Costituente, che approvò la Costituzione entrata in vigore il 1° gennaio 1948, era stata eletta il 2 giugno 1946.

Tale Assemblea era stata prevista dal decreto-legge luogotenenziale 25 giugno 1944, n. 151, convertito in legge per effetto della XV disposizione transitoria della Costituzione.

Col decreto legislativo luogotenenziale 10 marzo 1946, n. 74, venivano emanate le norme per la elezione dei deputati all'Assemblea Costituente.

Successivamente il decreto legislativo luogotenenziale 16 marzo 1946, n. 98, stabiliva il referendum popolare per la scelta della forma istituzionale dello Stato, da tenersi contemporaneamente alle elezioni per l'Assemblea Costituente (2 giugno 1946).

Nel citato decreto n. 151 del 1944 fu stabilito che l'Assemblea fosse sciolta di diritto il giorno dell'entrata in vigore della nuova Costituzione e comunque non oltre l'ottavo mese dalla sua prima riunione.

Detto termine fu prorogato prima al 24 giugno 1947 (L. cost. 21 febbraio 1947, n. 1) e successivamente non oltre il 31 dicembre 1947 (L. cost. 17 giugno 1947, n. 2).

## 2. Adunanza plenaria di sabato 25 gennaio 1947

[La Commissione in seduta plenaria discute sulla tutela della salute e igiene pubblica.]

Il Presidente Ruini avverte che il Comitato di redazione è stato officiato dai colleghi che fanno parte del gruppo parlamentare medico di prendere in esame alcune disposizioni relative alla tutela della salute e dell'igiene pubblica.

L'onorevole Ambrosini ha, in proposito, proposto di inserire dopo l'articolo 16 i seguenti tre articoli:

1. — «Lo Stato tutela la salute come un diritto essenziale e fondamentale di ogni essere umano e come interesse della collettività; promuove lo sviluppo della coscienza igienica; assicura le condizioni necessarie perché l'assistenza sanitaria si effettui in modo adeguato per tutti».

2. — «Lo Stato assolve tali compiti per mezzo dei sanitari, mediante appositi istituti di previdenza facenti capo ad un unico organo centrale tecnico-sanitario, distinto dagli altri organi del potere esecutivo».

3. — «Nessun cittadino può essere sottoposto a pratiche sanitarie non autorizzate dalla legge; la quale non potrà mai consentire che le pratiche sanitarie siano esplicate oltre i limiti imposti dal rispetto della personalità umana».

Pensa che sia opportuno rinviare la questione all'esame del Comitato di redazione. (*Così rimane stabilito*).

### 3. Adunanza plenaria di martedì 28 gennaio 1947

[La Commissione in Seduta plenaria. Esame degli articoli sui diritti e doveri dei cittadini.]

Il Presidente Ruini informa la Commissione che il Comitato di redazione ha proceduto alla formulazione degli articoli delle disposizioni generali che gli erano stati rinviati dopo stabiliti i criteri di massima. [...]

Il secondo articolo, il 9-*bis*, concernente le proposte avanzate dal gruppo parlamentare dei sanitari, è stato, dopo lunga discussione, così formulato:

«La Repubblica tutela la salute e l'igiene ed assicura cure gratuite agli indigenti».

Avverte che il Comitato ha respinto un emendamento aggiuntivo, presentato dagli onorevoli Rossi Paolo e Moro, così concepito:

«Nessun trattamento sanitario può essere obbligatorio se non per legge. Non sono ammesse pratiche sanitarie lesive della dignità umana».

Apre la discussione sull'articolo.

Moro spiega le ragioni che lo hanno indotto a presentare, unitamente all'onorevole Rossi, l'emendamento, ricavato dai tre articoli proposti dal gruppo parlamentare dei medici. Si tratta di un problema di libertà individuale che non può non essere garantito dalla Costituzione, quello cioè di affermare che non possono essere imposte obbligatoriamente ai cittadini pratiche sanitarie, se non vi sia una disposizione legislativa, impedendo, per conseguenza, che disposizioni del genere possano essere prese dalle autorità senza l'intervento della legge.

Importante è anche l'altra parte dell'emendamento. Non soltanto ci si riferisce alla legge per determinare che i cittadini non possono essere assoggettati altrimenti a pratiche sanitarie, ma si pone anche un limite al legislatore, impedendo pratiche sanitarie lesive della dignità umana. Si tratta, prevalentemente, del problema della sterilizzazione e di altri problemi accessori.

L'esperienza storica recente dimostra l'opportunità che nella Costituzione italiana sia sancito un simile principio, ed egli insiste pertanto perché gli emendamenti proposti siano accettati, salvo ad apportarvi modificazioni formali. Modifica subito la prima parte del suo emendamento nei seguenti termini: «Nessun trattamento sanitario obbligatorio può essere stabilito, se non per legge».

Nobile dichiara di essere molto perplesso di fronte alla proposta di emendamento, pur comprendendo lo spirito che la informa. Ritiene infatti che si tratti di una formula troppo restrittiva, e che vi possano essere dei casi speciali in cui, per ragioni superiori riguardanti l'interesse stesso della sanità collettiva, la legge possa essere costretta ad imporre determinate pratiche sanitarie che con l'emendamento si vorrebbero escludere in ogni caso.

Grassi fa presente che le ragioni per le quali l'emendamento è stato respinto in seno al Comitato di coordinamento sono di duplice ordine. Innanzi tutto si è considerato che se si rimette al legislatore la valutazione di quella che in futuro dovrebbe essere materia di legge, è inutile occuparsene nella Costituzione, poiché questo, praticamente, non limiterebbe la libertà del legislatore d'imporre determinate pratiche sanitarie.

Quanto al punto principale dell'emendamento, cioè la frase «pratiche lesive della dignità umana», che, come l'onorevole Moro ha chiarito, riguarda in modo particolare il caso della sterilizzazione, si è ritenuto trattarsi di un dettaglio in cui la Costituzione non dovrebbe entrare. Se domani il legislatore riterrà che la pratica sia giusta, spetterà a lui decidere; ma non è il caso che se ne occupi la Costituzione. Inoltre il significato delle parole «lesive della dignità umana» è molto generico.

Dopo aver fatto presente che alcune pratiche sanitarie, che potrebbero essere classificate tra quelle lesive della dignità umana, costituiscono invece una necessità per determinate persone, conclude affermando che porre una limitazione assoluta in materia costituirebbe un fatto grave ed una norma del genere inserita nella Costituente sarebbe inutile o assurda.

Moro osserva all'onorevole Grassi che il primo rilievo da lui fatto, circa l'inutilità del rinvio alla legge, dovrebbe valere anche per molti altri casi, nei quali, nel testo costituzionale, è stato richiesto che si disponga per legge. Anche in questo caso delle pratiche sanitarie si può ritenere necessaria la garanzia costituzionale che soltanto per legge esse possano venire imposte ai cittadini. Quanto alla seconda parte, non si vuole escludere il consenso del singolo a determinate pratiche sanitarie che si rendessero necessarie in seguito alle sue condizioni di salute; si vuol soltanto vietare che la legge, per considerazioni di carattere generale e di male intesa tutela degli interessi collettivi, disponga un trattamento del genere. I casi invece di carattere generale da applicarsi a tutti i cittadini devono essere disposti per legge entro quei determinati limiti di rispetto della dignità umana.

Per essere più chiaro, è disposto a modificare il suo emendamento, onde evitare che il divieto sia esteso anche ai singoli, dicendo invece:

«La legge non può imporre pratiche sanitarie lesive della dignità umana».

Nobile insiste nel dichiarare che non è possibile porre un limite rigoroso al legislatore; e che occorre ammettere possibilità di deroga. Bisogna, ad esempio, considerare se nel caso di gravi forme di pazzia ereditaria, le legge non abbia il dovere di prevedere misure sanitarie atte ad impedire che siano messi al mondo degli infelici destinati con certezza al terribile male.

Si dichiara quindi contrario all'emendamento.

Il Presidente Ruini pone ai voti la prima proposizione dell'emendamento:

*«Nessun trattamento sanitario obbligatorio può essere stabilito se non per legge».*

*(È approvata).*

Pone ai voti la seconda parte dell'emendamento:

*«La legge non può imporre pratiche sanitarie lesive della dignità umana».*

Lucifero dichiara che voterà contro la seconda parte dell'emendamento per una ragione di dignità costituzionale. Si deve creare una Costituzione che garantisca la dignità umana in tutti i suoi aspetti; non si può quindi ammettere che nello Stato che si sta costruendo possano sorgere leggi lesive della dignità umana.

(*La seconda parte dell'emendamento Moro è approvata*).

Testo definitivo del Progetto di Costituzione elaborato dalla Commissione:

Art. 26.

La Repubblica tutela la salute, promuove l'igiene e garantisce cure gratuite agli indigenti.

Nessun trattamento sanitario può essere reso obbligatorio se non per legge. Sono vietate le pratiche sanitarie lesive della dignità umana.

Art. 32
Testo definitivo del Progetto di Costituzione elaborato dalla Commissione:

Art. 26
La Repubblica tutela la salute, promuove l'igiene e garantisce cure gratuite agli indigenti.

Nessun trattamento sanitario può essere reso obbligatorio se non per legge. Sono vietate le pratiche sanitarie lesive della dignità umana.

## 4. Seduta di martedì 4 marzo 1947

[L'Assemblea Costituente inizia la discussione generale del progetto di Costituzione della Repubblica italiana].

Calamandrei. [...] Ora quando io leggo nel progetto un articolo come l'articolo 23 che dice in un suo capoverso: «La Repubblica assicura (dico assicura: verbo assicurare, tempo presente) alla famiglia le condizioni economiche necessarie alla sua formazione, alla sua difesa ed al suo sviluppo con speciale riguardo alle famiglie numerose»; quando leggo all'articolo 26 che «la Repubblica tutela la salute, promuove l'igiene e garantisce le cure gratuite agli indigenti»; quando nell'articolo 28 leggo che «la Repubblica assicura l'esercizio del diritto dell'istruzione con borse di studio, assegni alle famiglie, ed altre provvidenze, da conferirsi per concorso agli alunni di scuole statali e parificate»; quando io leggo questi articoli e penso che in Italia in questo momento, e chi sa per quanti anni ancora, negli ospedali — parlo degli ospedali di Firenze — gli ammalati nelle cliniche operatorie muoiono perché mancano i mezzi per riscaldare le sale, e gli operati, guariti dal chirurgo, muoiono di polmonite; quando io penso che in Italia oggi, e chi sa per quanti anni ancora, le Università sono sull'orlo della chiusura per mancanza dei mezzi necessari per pagare gli insegnanti, quando io penso tutto questo e penso insieme che fra due o tre mesi entrerà in vigore questa Costituzione in cui l'uomo del popolo leggerà che la Repubblica garantisce la felicità alle famiglie, che la Repubblica garantisce salute ed istruzione gratuita a tutti, e questo non è vero, e noi sappiamo che questo non potrà essere vero per molte decine di anni — allora io penso che scrivere articoli con questa forma grammaticale possa costituire, senza che noi lo vogliamo, senza che noi ce ne accorgiamo, una forma di sabotaggio della nostra Costituzione! (*Approvazioni*).

Guardate, una delle più gravi malattie, una delle più gravi eredità patologiche lasciate dal fascismo all'Italia è stata quella del discredito delle leggi: gli italiani hanno sempre avuto assai scarso, ma lo hanno quasi assolutamente perduto dopo il fascismo, il senso della legalità, quel senso che ogni cittadino dovrebbe avere del suo dovere morale, indipendente dalle sanzioni giuridiche, di rispettare la legge, di prenderla sul serio; e questa perdita del senso della legalità è stata determinata dalla slealtà del legislatore fascista, che faceva leggi fittizie, truccate, meramente figurative, colle quali si industriava di far apparir come vero attraverso l'autorità del legislatore ciò che in realtà tutti sapevano che non era vero e non poteva esserlo.

Vi è un esempio caratteristico nella legislazione fascista, che bisognerebbe mettere in una cornice: voi ricorderete (perché tutti abbiamo fatto questa trista esperienza) come era regolata nell'Italia fascista, quando si temeva che cominciasse la folle guerra che poi cominciò, la difesa antiaerea e la difesa antigas. Ricorderete la faccenda delle maschere antigas; se ne vedeva ogni tanto una per modello, ma in commercio non c'erano, e nessuna autorità ne aveva per distribuirle: orbene, il 27 luglio 1938 fu pubblicato in Italia un decreto che porta il numero 1429, il cui articolo primo diceva così: «Entro i limiti stabiliti dall'articolo 3 del presente decreto (notate che in Italia, lo ripeto, non esistevano maschere) la distribuzione delle maschere al personale della industria, a qualunque ramo esso appartenga, deve essere totalitaria». (*Si ride*).

Queste sono le leggi, onorevoli colleghi, che distruggono nei cittadini il senso della legalità. Bisogna evitare che nella nostra Costituzione ci siano articoli che abbiano questo stesso suono falso! Fra i ricordi più amari dell'altra guerra, in questa Italia, che accanto alle sue grandi virtù ha avuto sempre tra i suoi difetti quello fondamentale dello scetticismo, del cinismo, della mancanza di fede e di convinzioni profonde, rammento che una volta ero tornato in licenza a Firenze, in quel periodo in cui di mese in mese i nostri soldati riuscivano a strappare qualche centinaio di metri di quelle terre, che purtroppo ora ci sono state ritolte. Non c'erano grandi vittorie: c'era soltanto la consunzione quotidiana di quella battaglia di logoramento che durò quattro anni. Ora, tornando in licenza — io abitavo allora in una piccola strada al centro di Firenze — una sera quando stavo per andare a letto, sentii passare uno strillone che gridava l'ultima edizione di un giornale cittadino. Allora i giornalai avevano l'uso di gridare per le strade le notizie più importanti; quello nel silenzio della strada deserta gridava a voce altissima: «Terza edizione! La grande vittoria degli italiani!...»; ma poi aggiungeva, in tono più basso: «...non è vero nulla...»

Bisogna evitare che nel leggere questa nostra Costituzione gli italiani dicano anch'essi: «Non è vero nulla». (*Si ride*).

Per questo io ritengo che sia necessario, per debito di lealtà, che queste disposizioni che io vi ho letto, ed altre che via via potranno affiorare nel seguito della discussione, siano collocate in un preambolo, con una dichiarazione esplicita del loro carattere non attuale, ma preparatore del futuro; in modo che anche l'uomo semplice che leggerà, avverta che non si tratta di concessione di diritti attuali, che si tratta di propositi, di programmi e che bisogna tutti duramente lavorare per riuscire a far sì che questi programmi si trasformino in realtà.

### 5. Seduta di mercoledì 5 marzo 1947

[L'Assemblea Costituente prosegue la discussione generale del progetto di Costituzione della Repubblica italiana].

Tupini. [...] Esaminata così la posizione che il progetto fa alla persona umana nell'ambito che trascende la materia e i confini stessi dello Stato, consideriamola ora in se stessa e in quella delle minori comunità naturali. La Repubblica italiana prenderà cura della salute e dell'igiene del popolo, della sua educazione e della cura degli indigenti. Speriamo, onorevole Calamandrei, che la situazione economica italiana si liberi presto dalle strutture che oggi la comprimono; noi ci proiettiamo nel futuro e dobbiamo adoperarci perché le attuali condizioni di miseria siano superate e il futuro legislatore possa fare onore all'impegno che la nuova Costituzione si prepara ad assumere. Lasciamo, dunque, libero il passo ai non possidenti e proclamiamo in termini chiari e precisi la volontà di redimerli dal male fisico, che spesso è anche causa di quello morale e spirituale. Il nostro progetto li ha voluti sempre presenti, anche se non li nomina, e predispone gli ordinamenti degli istituti politici e giuridici in vista della loro redenzione. Per essi si delineano attività e funzioni capaci di condizionare il progresso della società umana; per essi la legge stabilisce degli obblighi e dei vincoli alla proprietà terriera e limita il latifondo. Non dunque per la porta di servizio, né per un gesto di degnazione, i proletari entrano nella Costituzione d'Italia.

## 6. Seduta di sabato 8 marzo 1947

[L'Assemblea Costituente prosegue la discussione generale del progetto di Costituzione della Repubblica italiana].

Ghidini. [...] Rilevo inoltre che parecchie di queste disposizioni sono state criticate come se fossero soltanto dei voti, delle aspirazioni a finalità impossibili. Io dubito perfino di aver ben compreso, perché, se è vero che si è fatto riferimento agli articoli 26 e 28 che garantiscono la salute, l'igiene, l'accesso agli studi superiori, ecc., devo dire che si tratta di provvidenze già in atto e non quindi di semplici speranze o addirittura di «sermoni».

Damiani. [...] L'onorevole Calamandrei ha parlato degli articoli relativi all'assistenza sanitaria, scolastica e sociale, ed ha esclamato: «Quante promesse fa questo Stato, che poi non è in condizione di poterle mantenere! Quindi è bene non farle».

No, è bene farle, perché se lo Stato non è in condizione di mantenerle ora, le manterrà in futuro. L'attuale periodo di carenza dovrà finire; passerà il rachitismo e verrà la floridezza. Per questo lottiamo. Se dovessimo pensare a vivere sempre in uno stato di disagio, la disperazione paralizzerebbe tutte le nostre energie.

Quindi lo Stato può basarsi anche su norme che pensa di applicare in avvenire.

E poi vi sarà la grande economia delle spese militari; sono miliardi che vanno al popolo e vanno per l'assistenza. Non si faranno più cannoni e bombe e nemmeno quelle atomiche e si utilizzerà questo denaro per le provvidenze necessarie. Con una corazzata che si risparmia, quanti derelitti possono essere sollevati dalla miseria! E se tutti quei miliardi che si sono buttati per conquiste varie, si fossero spesi per l'assistenza sociale e per l'agricoltura, l'Italia sarebbe un giardino. (*Applausi*).

Quanti comuni sono ancora senza luce, senza acqua e senza strade e con un servizio postale ridottissimo: è veramente doloroso, oltre che vergognoso.

Presidente Terracini. Onorevole Damiani, la prego di stare all'argomento.

Damiani. Mi sembra di starvi. Metto in rilievo i pregi del progetto.

## 7. Seduta di giovedì 17 aprile 1947

[L'Assemblea Costituente prosegue la discussione generale del Titolo secondo della Parte prima del progetto di Costituzione: «Rapporti etico-sociali». — Presidenza del Vicepresidente Tupini].

Giua. [...] L'articolo 26 nel secondo comma fa divieto alle pratiche sanitarie lesive della dignità umana. E questo è in relazione con la vostra concezione, ed è in relazione anche con una concezione che ha trovato pieno sviluppo negli Stati autoritari, il fascista in Italia, il nazista in Germania, circa le pratiche abortive.

Io non difendo le pratiche abortive. Però vorrei chiedere ai formulatori di quest'articolo se mi sanno indicare delle pratiche sanitarie che non siano lesive della dignità umana. Vi sono degli interventi del medico, e sopra tutto del chirurgo — e nei procurati aborti si tratta di intervento chirurgico — che sono lesivi della dignità umana.

Ma vi è una ragione di stabilire proprio nella Carta costituzionale una simile norma senza accennare esplicitamente che si vogliono vietare le pratiche abortive? (*Interruzioni*).

Vi possono essere interventi medici anche non autorizzati dalla legge, ma dalla professione stessa, dalla missione del medico. E non mi si opponga che molte volte i professionisti esagerano, che molte volte non si attengono alla morale. Quando il medico compie con coscienza la sua missione può ritenere necessario l'intervento chirurgico per procurare l'aborto. Ora, se la Carta costituzionale vietando le pratiche lesive della dignità umana rendesse illegale l'intervento del chirurgo nel caso dell'aborto, la missione del medico diventerebbe più difficile, e probabilmente invece di stabilire nella Carta costituzionale un principio a sostegno della salute del popolo, noi stabiliremmo un principio che con la salute del popolo sarebbe in contrasto.

Da un punto di vista razionale — non c'entra il sentimento religioso, non c'entra la chiesa, onorevole Merlin — io trovo ingiustificata l'inserzione nella Carta costituzionale di una norma come quella formulata nel secondo comma dell'articolo 26.

Da notare anche che, se lo sviluppo della genetica ci permetterà, dal punto di vista chimico, di stabilire quali sono le sostanze che influiscono su determinati caratteri — e questo non è da escludere — non bisogna impedire, per il bene dell'umanità, anche per combattere determinate malattie, questi interventi sanitari.

Invece, in base alla formulazione del progetto, noi vieteremo l'intervento del medico per il miglioramento dell'organismo e della razza.

Qui si tratta di applicazione dei trovati scientifici.

I razzisti usavano della scienza e della tecnica, dopo che esse erano state prostituite.

Si tratta di applicare, per lo sviluppo della civiltà, i principî della scienza e della tecnica, che devono essere applicati, perché progresso significa applicazione e sviluppo di questi principî.

Qualsiasi divieto si faccia per l'applicazione delle scienze è un divieto che si pone al progresso; è un arresto alla civiltà.

Corsanego. Siccome facevo parte della Sottocommissione, che ha redatto l'articolo, faccio presente che, quando si è formulata la dizione «sono vietate le pratiche sanitarie lesive della dignità umana» si pensava soprattutto a quelle orrende pratiche di sterilizzazione obbligatoria, che la Germania ha imposto particolarmente agli ebrei e che noi volevamo proibire per sempre nel nostro Paese come una mostruosità.

Giua. Non vi è bisogno di stabilire nella Costituzione un principio del genere; può provvedere la legge a vietare qualsiasi pratica lesiva della dignità umana.

**8. Seduta di venerdì 18 aprile 1947**

[L'Assemblea Costituente prosegue la discussione generale del Titolo secondo della Parte prima del progetto di Costituzione: «Rapporti etico-sociali».]

Gullo Fausto. [...] Si dice inoltre nel progetto che la Repubblica provvede alla protezione dell'infanzia e della gioventù, e questa è una norma quanto mai opportuna e necessaria. Forse è, se mai, censurabile perché essa non contempla un più largo campo di attività; ma comunque deve rimanere ben scolpito nella Costituzione della Repubblica italiana che la Repubblica provvede a questa protezione della maternità, e tutela (questo è il contenuto dell'articolo 26) l'igiene e la salute dell'infanzia e della gioventù. Non è concepibile che vi sia grandezza di Nazione, grandezza di popolo, dove ogni cittadino non abbia la possibilità di crearsi una famiglia e non si senta tutelato nella sua salute, e dove ogni cittadino non abbia la possibilità di soddisfare il suo desiderio di sapere. Io vedo questa parte della Costituzione come quella di più vitale importanza.

Fin qui la Costituzione ha disciplinato le prerogative del cittadino, gli ha riconosciuto il diritto di essere libero, ha tutelato in lui questo grande anelito di libertà che nessuna forza riuscirà mai a distruggere, ed ha fissato lapidariamente tutte le forme, i mezzi e le manifestazioni di questo diritto alla libertà.

Ma che cosa è mai questo diritto alla libertà, che cosa sono questi mezzi e queste forme se noi non facciamo del titolare di questo diritto un cittadino degno di tale nome, un cittadino che senta, che abbia la coscienza dell'importanza del diritto che egli è chiamato ad esercitare? Tutte le altre parti della Costituzione diventano caduche, vane, superflue, se noi non daremo l'esecuzione più precisa a queste norme, che sono le più importanti e che appunto tutelano il cittadino, assicurandogli un nido familiare che sia veramente tale e non un luogo di dolore e di pena, dandogli il modo di conservare la sua sanità fisica, cancellando così la vergogna di statistiche di mortalità che fanno orrore; e assicurandogli infine la possibilità di soddisfare la sua volontà di sapere. Soltanto così noi avremo fatto in maniera che tutte le altre norme abbiano anch'esse la loro effettiva applicazione.

## 9. Seduta di sabato 19 aprile 1947

[L'Assemblea Costituente prosegue la discussione generale del Titolo secondo della Parte prima del progetto di Costituzione: «Rapporti etico-sociali».]

Nitti. [...] L'articolo 26 fissa gli obblighi della Repubblica. Si parla sempre di Repubblica, mai dello Stato. Si vuole affermare che la Repubblica esiste. Non avremo bisogno di questa affermazione ripetuta e continua, se veramente ci crediamo. La Repubblica dunque «tutela la salute, promuove l'igiene e garantisce cure gratuite agli indigenti». Dunque, la Repubblica, fin da ora, assume come obblighi di tutelare la sanità, promuovere l'igiene e garantire cure gratuite agli indigenti. Voglio ben ripeterlo perché non credo ai miei occhi. Voi sapete quale è la situazione dell'Italia, voi sapete che cosa sono gli ospedali, quale è la situazione di almeno i nove decimi dell'Italia, in cui manca e per parecchi anni mancherà un pò di tutto. E noi assumiamo proprio adesso, improvvisamente, l'impegno di assicurare tutte queste cose che non potremo, per parecchi anni, assicurare? Ora, credete che sia buona procedura promettere in nome della Repubblica ciò che non si può mantenere? E perché farne materia di Costituzione? Quando il popolo domani ci domanderà: dal momento che la Repubblica garantisce queste cose, e come e in qual forma le può garantire? Io non vi voglio annoiare con molte cifre; lo farò la prossima volta quando parleremo della situazione finanziaria. Io vi dirò allora quale è la situazione economica e finanziaria. Troppe cose si sono dissimulate e troppe si continuano ancora a dissimulare; parlerò delle cose che potremo fare e anche di quelle che non potremo fare e che si promettono senza serietà. Noi dovremo, infine, se Dio vuole, discutere con linguaggio di realtà quale sia la situazione economica-finanziaria. Dobbiamo dire quali obblighi possiamo assumere e quali no e dovremo dire a quante cose dovremo rinunziare. Lasciate, dunque, che il nome della Repubblica non sia compromesso in questi equivoci, perché le togliamo anche quel prestigio di serietà che le è indispensabile.

Non promettere nulla non potendo mantenere, ma sopra tutto sapendo da prima di non poter mantenere: questa dovrebbe essere prima regola di onestà.

Quando voi avete promesso nella costituzione solennemente di dare al popolo ciò che non potete tra sei mesi, tra un anno, fra parecchi anni, e vi troverete senza aver dato niente e senza poter promettere più niente perché non vi crederanno, quale prestigio avrà la Repubblica?

Vi prego dunque di non continuare a imitare lo stile fascista e di non esagerare e non promettere. Il fascismo mai è stato una consuetudine nella vita così forte come ora; non è l'ondata delle ridicole e inesistenti forze armate fasciste che ci minaccia, è la vita fascista che noi assorbiamo ogni giorno nelle nostre abitudini. Mai forse come ora il fascismo sovrasta tutta la vita nazionale. (*Approvazioni*).

## 10. Seduta di lunedì 21aprile 1947

[L'Assemblea Costituente prosegue la discussione generale del Titolo secondo della Parte prima del progetto di Costituzione: «Rapporti etico-sociali».]

Spallicci. Onorevoli colleghi, dopo che eminenti rappresentanti del diritto, emeriti insegnanti e illustri docenti universitari hanno parlato lungamente, sia concesso anche ai medici, cui non fu dato entrare nelle Sottocommissioni, dire una loro parola. Metterò a fuoco l'articolo 26 del progetto di Costituzione.

Qualcuno vi ha veduto un accenno pleonastico: tutelare la salute, promuovere l'igiene. Che cosa potrebbe fare di diverso uno Stato che si rispetti? Esistono dei doveri fondamentali di civiltà elementare su cui potrebbe sembrare ozioso soffermarsi. Ma, se abbiamo ammesso che la libertà personale è inviolabile, potremmo anche dare diritto di cittadinanza all'articolo che parla della sanità e promuove l'igiene. Questa provvidenza sanitaria non aveva incontrato le simpatie di una Repubblica molto lontana nel tempo, e direi anche nello spazio, perché era soltanto nella fantasia raziocinante di un filosofo, dico della Repubblica di Platone, perché i malati cronici, gli invalidi erano inesorabilmente estromessi da quello stato ideale.

L'assistenza da parte dello Stato era consentita soltanto all'uomo sano che poteva incorrere in malattia di poco conto. Solo l'uomo sano aveva diritto di essere curato dal medico. Voi ricorderete, nella conversazione socratica, quel falegname che si rivolge al medico chiedendogli un rimedio, un revulsivo, un purgante, un emetico, che lo liberi sollecitamente dalla infermità che lo affligge.

Non ho tempo, egli dice, per seguire un lungo regime; io debbo servire il mio lavoro, non posso servire la malattia. E allora, se resiste, bene, altrimenti è abbandonato al suo destino.

Soltanto al ricco è adunque consentito di potersi curare? No, nemmeno a lui, perché l'assiduità delle cure inibisce l'esercizio della mente e della virtù. Qui sarebbero pregiudicati gli interessi della famiglia come là quelli dello Stato. Non metterebbe conto vivere se la vita dovesse scendere goccia a goccia nel lucignolo riarso della lampada prossima a spegnersi.

E allora voi vedete che in questa Repubblica ideale entravano appena per la scala di servizio l'assistenza sociale e la tutela della sanità. L'ombra del Taigeto vi domina. Del resto Socrate, che metteva al bando i troppo cagionevoli di salute come anche i poeti, avrebbe preteso che i medici avessero in precedenza sofferto tutte le malattie, per fare su loro stessi quella esperienza che i nostri giovani fanno negli ospedali e nelle cliniche. D'altro canto si attribuiva al medico un duplice compito, curare i corpi e le anime. Rupe Tarpea e Taigeto, che abbiamo visto ritornare di fosca attualità ad opera del nazismo, col fuoco, coi gas, coi forni crematori per eliminare gli invalidi, i cronici e gli indesiderabili.

Ma il dovere sociale incombe su di noi e ci detta nuovi compiti nella vita civile. Per comune accezione, tutti sanno che lo Stato è tenuto a provvedere nei casi di epidemia alla difesa dei cittadini. Provvede contro assalti violenti o insidiosi, contro l'infezione malarica, ad esempio, che è tornata di triste attualità in Sardegna e nella media e nella bassa valle del Liri, nei pressi di Cassino, dove il provvidenziale, ma costoso D.D.T. riesce a risanare l'ambiente.

Ma vi è un'altra assistenza, che si esplica in momenti di tregua patologica: essa è quella assistenza sociale di cui sono segno tangibile gli istituti per la invalidità e la vecchiaia. In questo campo, noi vediamo che anche l'articolo 34, dei rapporti economici, ritorna sull'argomento, come già vi accenna l'articolo 26.

Chi abbia avuto campo di visitare questa desolata umanità degli invalidi e dei vecchi che si raccolgono nelle corsie di quegli istituti, ha avuto la sensazione di una rassegnata vecchiaia che, nell'affievolimento degli affetti della famiglia, non vede attorno a sé, non dico quella poca gioia dell'urne dopo il compianto dei tempi acherontei, ma neppure alcuna speranza, nella squallida ora del giorno, per questa carenza affettiva che anticipa nei congiunti la rituale rassegnazione per il previsto giorno del lutto.

Le bocche inutili, quando se ne vanno non inducono al pianto. Forse le nostre classi meno abbienti vanno gradualmente assuefacendosi a questa dura legge degli assedi?

Necessità è una spietata legge. L'operaio, l'impiegato, il pensionato, condannato a vivere in quei campi di concentramento che è il grande agglomerato urbano, e in perpetua contesa col caroviveri, col caro-alloggi, col caro-salario, col caro-stipendio, col metro della breve risorsa deve misurare l'indispensabile.

Ed allora non c'è posto per il vecchio. Il vecchio deve essere abbandonato alle cure dello Stato. Se una legge impone ai genitori l'obbligo di alimentare, educare ed istruire i figli, noi pensiamo che ce ne debba essere anche un'altra che imponga ai figli di alimentare i genitori che siano incapaci al lavoro per vecchiaia o per invalidità.

Mi direte: Codice civile. Va bene. Mi direte: princìpî ovvi di morale; ma pensate che tutta la civiltà millenaria della Cina è basata su questo affetto filiale.

Quando io guardo queste grandi case-alveare delle nostre città, in cui l'aria è contesa al respiro, penso con nostalgia a quelle piccole casette-villette che l'«Umanitaria» aveva costruito a Milano, fuori di Porta Ludovica, con un piccolo quadrato di terra accanto, e penso che questa cubatura d'aria che si va contendendo all'operaio, all'impiegato, al pensionato, domani possa essere ridonata con una maggiore generosità, anche lontana dalle città, come avevano pensato i primi fondatori dell'«Umanitaria» milanese.

Queste bocche inutili che si allontanano, questo esodo dei vecchi dall'ambiente familiare, è ben una triste cosa. Un nuovo vangelo di bontà noi dovremmo predicare alla gente. Dovremmo fare in modo che non sia solo lo Stato a provvedere. Non è soltanto con l'elevare di tono economico la famiglia che noi potremmo ridonare vita al fervore e alla solidarietà degli affetti. Abbiamo bisogno che questo edonismo imperante sia sostituito da una forza morale. Certe forme esteriori di religiosismo interiore rappresentano degli alibi a un egoismo interiore, perché, per la grande maggioranza del popolo, le religioni vivono di rendita di un grande capitale spirituale dei fondatori e degli apostoli.

Abbiamo bisogno così di vivificare questo senso di religiosità nelle nostre folle, nel nostro popolo italiano. In attesa di una resurrezione delle fedi, richiamiamo lo Stato ad un compito suo ben prefisso: «Lo Stato tutela la salute e promuove l'igiene». Noi del Gruppo medico parlamentare composto di rappresentanti di tutti i partiti che vanno dall'estrema destra alla estrema sinistra, al primo comma abbiamo presentato un emendamento che sostituisce il primo comma dell'articolo 26, in cui si parla di cure gratuite garantite agli indigenti: «La Repubblica si propone la tutela della salute come un fondamentale diritto dell'individuo e come un generale interesse della collettività».

Ci sembra che in questo modo possa essere molto bene assolto il compito della Repubblica. Qualcuno aveva accennato ad una eugenetica di Stato.

Nello scorcio del secolo passato, verso il 1865, se non erro, fu un inglese, il Francis Gaerton, che iniziò questo apostolato dell'eugenetica e non era forse la prima voce che si levava perché già il nostro Campanella nella sua Città del Sole aveva pensato di selezionare le coppie destinate al matrimonio. Gaerton si era riproposto il problema. Si era detto: perché essere così provvidi e attenti nelle selezioni dei cani, dei cavalli, dei conigli e non pensiamo alla razza umana? Dal 1865 al 1905 egli lanciò questa idea di una responsabilità eugenica del matrimonio. L'argomento fu molto discusso allora e in vario senso. È noto che certe malattie, come l'epilessia, come la mania depressiva, come la demenza, provocano delle anomalie ereditarie. Come provvedere? In Italia già nel 1913, per opera dell'Artom, del Niceforo, del Mangiagalli, del De Sanctis, si era fondato, presso la Società romana di antropologia, un comitato di studi di eugenetica. Poi, con il Pestalozza ed il Gini, si fondò un'altra società che aveva gli stessi compiti. Ma se l'eugenetica si studia di porre i problemi della trasmissione ereditaria dei caratteri, e pone l'accento sulle devastazioni prodotte nella prole dall'alcoolismo e dalla criminalità, la nostra civiltà latina non varca mai i confini di quella eutanasia che vorrebbe sopprimere i disgeni come antisociali.

Noi ricordiamo le parole di un poeta, Maurizio Maeterlink: I medici e i sacerdoti, accostandosi al letto del malato o del morente, rendono sempre più paurosa l'idea della morte. Si allontanino, rivedano un pò le loro idee — diceva sempre il Maeterlink — giorno verrà in cui la scienza non esiterà ad abbreviare le nostre disgrazie, la morte sarà una cosa dolce e serena. La vita se ne andrà, piano piano, come la luce del giorno cede al crepuscolo della sera.

Ma, dicevo, per la nostra civiltà latina questo argomento è già superato di gran lunga. Possiamo ripetere con orgoglio le parole di un grande maestro,

Augusto Murri: «Fra noi ed il malato sta tacito, ma sacro, il giuramento che fino all'ultimo suo respiro noi combatteremo per sottrarlo alla morte».

Ho accennato a questa idea di eugenetica, perché un tempo si parlò a lungo di certificati pre-matrimoniali. Si disse un tempo che bisognava creare delle razze elette, ma io non ho nessuna intenzione di sfogliare davanti a voi le romanticherie di «Un giorno a Madera», né tornare sull'argomento di un tempo, perché questi selezionatori avevano sì, indubbiamente, concetti sani e lodevoli, si preoccupavano realmente della vita della società, ma scordavano anche la vita spirituale. Il matrimonio non ha solo finalità procreative. Dal Soglio pontificale, in una Enciclica del 31 dicembre 1931 si disse che: *non terrae et tempori sed coelo et aeternitati generarim*. Non dimentichiamo questa duplice missione del matrimonio. Come fra la dittatura e la libertà sconfinata, così fra questa eugenetica, considerata troppo rigorosamente, ed una specie di agnosticismo che considera la malattia come una specie di fatalismo, c'è questa via di mezzo della diffusione delle norme igieniche, per cui tutti quanti dovrebbero realmente porsi il problema del matrimonio ed il problema della ereditarietà, nel giorno in cui scelgono la compagna della propria vita.

Dovremmo noi restare indifferenti, per esempio, a quegli incroci tra razza bianca e razza nera, che hanno tanto preoccupato la nazione inglese?

Lungi da noi il pensiero di razza inferiore o razza superiore.

Chi rivendica a maestro Arcangelo Ghisleri, lascia ben volentieri certi temi ai nazionalismi esasperati delle supernazioni. Ma questi incroci tra razze che hanno scarsa affinità non sono fatti per migliorare il nostro tipo umano.

I mulatti sono scarsamente resistenti al logorio ambientale dei nostri climi e molto vulnerabili dal dente delle malattie.

In Italia ne abbiamo 11.000 (statistica dal gennaio al giugno 1945). Su queste creature noi ci curviamo con la stessa trepidazione con cui ci curviamo sopra tutte le culle, come davanti a un punto interrogativo del mistero della vita. E pensiamo, col rossore nel volto, che questo colore italonero, nelle guance di questi bimbi rappresenta il senso di abiezione della Patria; e questo senso di tristezza lo sentiamo tutti quanti nel cuore, come senso angoscioso di responsabilità per tutti. Ad un dato momento, questa ondata di corruzione è passata sul nostro Paese, perché, oltre alle violenze delle truppe saccheggiatrici, liberatrici, ossessionate dal sensualismo, c'è stata anche la prostituzione e la corruzione. Noi ci volgiamo a questi illegittimi collo stesso sguardo con cui guardiamo tutti gli altri nostri bambini.

Nessuno, dunque, nel rinnovato clima della nostra libertà e della nostra democrazia, può pensare alla sterilizzazione. I compiti della salute pubblica sono ben altri. Noi caldeggiamo un'idea, che, naturalmente, non può trovar posto nella nostra Costituzione. Pensiamo alla obbligatorietà della visita. Lo Stato dovrà affacciarsi nella vita civile non soltanto col volto del questurino, a chiedere la carta d'identità, ma a chiedere anche la carta di sanità.

Bisognerebbe che ognuno vincesse quel pudore che si ha a volte di fronte a certe malattie. Dovremmo avere un'anagrafe che indicasse con precisione tutte le malattie cui possiamo andare soggetti. Questo potrebbe valere come difesa della collettività e come difesa dell'individuo.

Pensate, ad esempio, alle devastazioni cancerigne. Il malato non se ne accorge che quando la malattia ha fatto degli inesorabili progressi. Pensate alle devastazioni diabetiche. Ad esempio, un malato, colto da coma in mezzo alla strada e trascinato al pronto soccorso, viene sottoposto dal medico di guardia alla solita iniezione di olio canforato, che può non fargli più riacquistare i sensi, mentre una iniezione di insulina avrebbe potuto ridargli la vita. Ma questo si può ottenere dalla indicazione glicemica della carta di sanità, che il malato potrebbe avere in tasca. Così, il medico di guardia può comprendere questo S.O.S. dell'organismo in sofferenza e provvedere opportunamente.

Noi pensiamo a questa obbligatorietà, ma non ce ne nascondiamo le difficoltà.

In Inghilterra i medici sono stati ostili a questa innovazione. I medici inglesi considerano il malato come cosa privata, non pensano a questo grande sistema di socialità e di assistenza.

Abbiamo degli istituti di assistenza; non vorrei alludere a quelli, che hanno fatto così cattiva prova, come le nostre Mutue, le quali sembra che rendano più agli amministratori, che non ai malati ed ai medici. Dicevo, assistenza; noi dovremmo trovare il modo di assistere l'individuo giovando alla collettività. Vi sono compiti poi che lo Stato dovrebbe incoraggiare. Un giornale medico che ho sott'occhio me ne indica uno: quello della dietetica. In questi giorni, è stato inaugurato, a Niguarda, nell'Ospedale Maggiore di Milano, un corso di dietetica e il professore Ragazzi ha invocato che questo corso non sia soltanto riserbato ai medici, ma che questi ne diffondano le nozioni alle assistenti sanitarie, che dovrebbero, in questa carenza alimentare che ci affligge, sorvegliare le mense collettive, le mense aziendali. Sono avvenuti dei casi d'intossicazione, per totalismo da ingestione di carni guaste, in due stabilimenti industriali milanesi. La sorveglianza delle mense industriali può essere provvidenziale non soltanto per misurare il numero delle vitamine, il che potrebbe sembrare un'algebra alimentare, ma per impedire il consumo di alimenti deteriorati.

È doveroso un accenno sia pure fugace sulla maternità ed infanzia. Il binomio madre-bambino dev'essere affermato. Ci sono delle istituzioni provinciali, regionali che vanno rimesse in onore. Noi siamo dei regionalisti: pensiamo al decentramento della regione, pensiamo che queste iniziative provinciali e regionali devono essere incoraggiate, e rese armoniche in un senso nazionale. Ma pensiamo che la madre che ha ottenuto dei vantaggi, potendosi allontanare a tempo opportuno dallo stabilimento quando si avvicina il momento del parto, può farsi poi portare il bimbo nelle apposite sale di allattamento. Ma dovrebbe anche ottenere licenza quando il bambino è ammalato.

Vorremmo che vi fossero delle scuole nelle quali si potesse insegnare anche il compito della madre. Ho qui delle statistiche, fatte da un egregio collega milanese, le quali riferiscono l'alto numero di madri nubili, raccolte in determinati istituti. In questi istituti che sono di beneficenza si insegna il cucito e il ricamo, ma non si pensa al compito materno che dovrebbe avere la donna. Uscendo da questi istituti di beneficenza la donna potrebbe essere un'infermiera magnifica per i nostri nidi di infanzia. Le istituzioni di assistenza alla maternità ed infanzia erano precedenti al fascismo, che in parte le ha trasformate e ha bene operato: non dobbiamo distruggere quello che di benefico si è fatto, soltanto perché è stato fatto dal fascismo.

Dovremmo istituire nella Capitale una Cassa di compensazione fra tutti gli istituti ostetrici e di pubblica assistenza, con il compito di attuare una giustizia distributiva fra tutte le istituzioni periferiche.

Ho finito. Desidero soltanto aggiungere due parole su un altro argomento. Nell'articolo 26, ultimo capoverso; si accenna al divieto di «pratiche sanitarie lesive della dignità umana».

Dopo le delucidazioni date da un membro della Commissione, l'onorevole Corsanego, dovendo ritenere che le pratiche lesive della dignità umana vogliano indicare la sterilizzazione, crederei di omettere la frase, per non lasciare nessuna traccia di certe pratiche nefande. Come in certi codici non si parlava neppure del parricidio per l'orrore che destava quest'orrendo crimine nell'animo del legislatore, ma si preferiva ignorarlo.

Anche noi non lasciamo traccia di queste barbarie senza nome nella nostra Costituzione.

Dunque, dicevo, assistenza sanitaria, assistenza che non trasformi i malati in postulanti ed i medici in fiscali. Non bisogna rimettere nelle condizioni il medico di essere un fiscale. Chi ha vissuto durante la guerra nei posti di medicazione e di soccorso sa quale ribellione avveniva nell'animo del medico di fronte al soldato che si trasformava in autolesionista. Tutto questo cercheremo che non avvenga negli istituti di protezione della sanità di domani. Dunque, per il medico, la «pietà che l'uomo a l'uom più deve» e per tutti: una *salus publica*, che deve essere *suprema lex; salus* che non sia soltanto nel senso politico, ma anche una *valetudo* effettiva. Noi, che siamo degli ottimisti inguaribili, pensiamo che dopo il tempo buio ci attende una giornata di sole; noi, di fronte all'ignaro tubercoloso che disperde il proprio sputo quasi come un ordigno esplosivo a tutta offesa del prossimo, pensiamo alla Sancetta di Jenner, alla fiala di Behring, ai sulfamidici, alla penicillina; pensiamo che al di là della trincea c'è il vaiolo, le difterite, tutte le malattie infettive e dobbiamo e vogliamo dare uno scudo al cittadino perché si difenda.

Questo grande compito sociale non ci trova divisi, ma tutti riuniti nella difesa della Repubblica che coincide colla difesa dell'umanità.

Se noi abbiamo ammesso che tutti i cittadini, che tutti gli uomini sono uguali di fronte alla legge, dobbiamo anche affermare che tutti gli uomini sono uguali di fronte alla morte, ma dovremmo fare diseguali gli uomini in questo senso: faremo più provvidi e resistenti alle malattie quelli che seguiranno queste regole, questi principî, e quelli che sentiranno che non è soltanto lo Stato che deve tutelare, ma anche i cittadini stessi, che hanno un dovere da compiere ed un impegno che non possono tradire (*Applausi — Congratulazioni*).

## 11. Seduta di martedì 22 aprile 1947

[L'Assemblea Costituente prosegue la discussione generale del Titolo secondo della Parte prima del progetto di Costituzione: «Rapporti etico-sociali».]

Cavallotti. Mi ero domandato, mentre preparavo questo mio intervento, se l'articolo 26 avrebbe suscitato lo stesso interesse di altri articoli, ma debbo rilevare che l'articolo 26 della Costituzione non ha suscitato nell'Assemblea lo stesso interesse che hanno suscitato altri articoli forse perché alla povera salute è capitato di trovarsi tra la famiglia e la scuola, tra la dissolubilità e l'indissolubilità del matrimonio da una parte, e la scuola parificata e la scuola statale dall'altra.

Sicché dalla lotta sostenuta fra i diversi gruppi politici su questi argomenti, la povera salute ne è uscita malferma, almeno nella discussione. Io avevo risposto di sì alla mia domanda, perché il diritto alla salute è il primo fra tutti i diritti, e, secondo me, il problema della salute investe problemi di diversa indole: economica, sociale, etica, politica quindi.

Avevo risposto sì alla mia domanda perché il patrimonio salutare del popolo di questa terra, dove cittadini di tutte le nazioni vengono per ricuperare la salute, questo patrimonio è molto scadente ed è proprio su questa terra salubre che le masse lavoratrici perdono la salute. Ho risposto ancora di sì alla mia domanda, perché mi sono ricordato dell'episodio storico del dottor Championner, medico francese del secolo scorso, il quale, parlando col suo monarca, ironizzando sulle nuove teorie bacteriche di Pasteur e sulla relazione disastrosa fatta da Lister circa la salute dei cittadini francesi di quell'epoca, ebbe a dire: «Dicono che il vostro regno stia per essere disgregato da una miriade di esseri diabolici, i bacteri; e medici e scienziati affermano che l'unica politica vostra dovrebbe essere quella di ridonare la salute al popolo francese».

Io vorrei riportare qui, in Assemblea, la frase di Championner, con un solo cambiamento, e non dispiaccia alla destra, quella della parola regno in repubblica. Passiamo all'argomento.

Quando si discute il progetto di Costituzione, diversi possono essere gli obiettivi, perché diverse sono le ideologie a seconda dei diversi gruppi politici, diversi sono gli spunti tattici e le linee strategiche, ma c'è un punto che accomuna tutti i diversi gruppi politici, ed è la base di partenza: cioè la reale condizione dei fatti, la situazione nella quale ci troviamo, la realtà obiettiva. E se per altri settori che non siano quello della salute, l'interpretazione di questa base di partenza può essere diversa, a seconda dei diversi gruppi politici, per quel che riguarda la salute abbiamo degli interpretatori che possiamo definire imparziali, cioè i medici, i sanitari, gli scienziati.

E permettetemi, onorevoli colleghi, di dire brevissimamente qualche cosa sullo stato di salute attuale del popolo italiano, perché è su questo che dobbiamo basarci per fissare i principî costituzionali a questo proposito. Non vi tedierò con numerose cifre statistiche anzi desidero farvi un quadro panoramico impressionistico; mi limiterò a ricordarvi che annualmente muoiono in Italia cinquantamila persone di tubercolosi. La cifra è stata fornita qualche settimana fa dall'Alto Commissariato per la sanità; e attualmente sarebbero tubercolotici circa 500 mila italiani. E mi permetterò anche di ricordarvi che, se è vera la tesi che per ogni tubercolotico censito vi sono cinque o sei sfuggiti all'indagine, noi ci troviamo di fronte ad una massa di italiani malati di tubercolosi che va dai due ai tre milioni.

Mi permetterò anche di ricordarvi che muoiono in Italia ogni anno più di cento e sei bambini lattanti su mille nati in quell'anno. Mi permetterò anche di ricordarvi il grande aumento, la grande diffusione delle malattie infantili, per noi doppiamente dolorose, perché minano il nostro popolo nel suo germoglio, nelle sue radici; e dolorose anche perché dobbiamo riconoscere che se i bimbi oggi stanno peggio di prima, se muoiono, è per colpa dei grandi. E volevo anche dirvi che certe malattie che noi medici vedevamo raramente nei nostri ospedali, nelle nostre cliniche e che chiamavamo curiosità, rarità cliniche, non sono oggi più curiosità né rarità perché affollano i nostri ospedali.

Questa è la situazione di fatto della salute del popolo italiano. E la ragione di tutto questo deve essere ricercata nel tenore di vita del popolo italiano, delle masse lavoratrici italiane: tenore di vita fatto di case-tugurio, dove il sole entra raramente, dove ci si dimentica delle più elementari norme di igiene. Se volete prove tolte da una inchiesta fatta nel 1934, vi dirò che da essa risultava che in quell'anno un milione e 400.000 abitazioni erano senza latrina e un milione e 800.000 abitazioni senz'acqua; vi dirò che risultava anche che a Napoli più di 30.000 persone dormivano in più di dieci nella stessa stanza. Oggi, con le bombe piovute dal cielo e le granate mandateci da cannoni nemici ed amici, Napoli ha perso il suo triste primato, l'ha ceduto all'Italia tutta, Napoli si è nazionalizzata nella sua sciagura.

Tenore di vita, quello del popolo lavoratore italiano, fatto di cinghie più o meno strette, ma sempre piuttosto strette che poco; e le pance vuote sono tristi complici di malattie. Tenore di vita, infine, fatto di alimentazione unilaterale, fatto di insopportabili ricordi fisici e morali di questa guerra che abbiamo passata.

Di fronte a questo patrimonio salutare così scadente, di fronte a quei 500.000 tubercolotici diagnosticati e ai due o tre milioni di tubercolotici presunti, abbiamo in Italia 60.000 letti sanatoriali; anzi, forse sono ancora di meno in questo momento, perché proprio questa mattina è venuta la notizia che tremila letti di un complesso sanatoriale milanese verranno a mancare per ragioni economiche.

Di fronte a ciò, vi è una carenza di letti ospedalieri, per cui siamo scesi, in alcune regioni italiane, al mezzo per mille, quando la media delle nazioni civili è del sei per mille.

Di fronte a ciò, vi sono le visite, le cosiddette visite assicurative, le quali sono caratterizzate dalla mancanza di fiducia dell'assistito verso il medico da una parte; e dall'altra, dalla molta fretta del medico che ha un numero eccessivo di malati da visitare.

E ancora vi sono numerose file di troppo ingenue medicine, lo ha già ricordato ieri il collega onorevole Spallicci, e vi sono anche numerose file di altrettanto ingenui sciroppi che formano la farmaceutica delle classi meno abbienti. Vecchi decotti dell'illusiva scienza medica del secolo scorso, nuove soluzioni che hanno una proprietà, quella di nuocere. Vi è poi un insieme di organismi assistenziali i quali lavorano autonomamente, ciascuno per proprio conto, qualche volta anzi addirittura in contraddizione l'uno di fronte all'altro. Tutti quanti poi fanno questo bel servizio, di far girare l'ammalato da un istituto all'altro, prima di ricoverarlo, prima di aiutarlo. E accanto alle istituzioni controllate dallo Stato, vi sono le cosiddette istituzioni private — i cosiddetti istituti di beneficenza — con le loro crisi spasmodiche di attività e quelle negative di afflosciamento. La mia critica può sembrare superficiale, ma investe diversi settori.

Questa mia critica, onorevoli colleghi, investe prima di tutti gli altri, il settore economico. Forse qui parlo in anticipo sul titolo terzo del progetto costituzionale: ma non voglio dire che poche parole. Ho detto che la mia critica investe particolarmente il settore economico perché, a proposito del problema della salute, c'è da rispondere ad una domanda cui ancora non abbiamo risposto per altri problemi: chi paga? Chi paga quella che possiamo definire la ricostruzione della salute? Noi sosteniamo che i lavoratori non debbono pagare più, come hanno pagato sino ad ora; noi sosteniamo che quella aliquota, cosiddetta assicurativa, non debba essere più sottratta dal salario, ma debba anzi essere parte integrante del salario stesso.

Ma, in pratica, come possiamo rispondere alla domanda poc'anzi formulata: chi paga? Ci sono patrimoni che si possono far gravare di molte imposte; ci sono oggetti di lusso i quali possono essere sottoposti a tassazione; tassazione su coloro che adoperano il superfluo, in vantaggio di coloro che domandano la salute.

La mia critica investe anche il settore tecnico-organizzativo. Voi sapete che in Italia esiste una medicina propria delle classi lavoratrici: essa è la medicina assicurativa. Tale medicina oggi dà ben scarsi risultati, e vi sono alcuni che trovano a decine a decine le ragioni della deficienza di questa medicina assicurativa: mancanza di persone capaci che l'amministrino, mali burocratici, mancanza nell'amministrazione e direzione, degli interessati, i lavoratori. Ma c'è anche un altro male, la cui guarigione dovrà risultare, io lo spero, nel progetto di Costituzione, ed è questo: la mancanza di fiducia che il malato ha verso il medico cosiddetto assicurativo.

Dobbiamo svelarci, colleghi medici, ai colleghi deputati? Facciamolo.

Noi abbiamo la brutta abitudine di prescrivere delle medicine. Qualche volta le prescriviamo sicuri che esse facciano bene all'ammalato; molte volte ci illudiamo semplicemente che esse possano recargli giovamento; e qualche altra volta ancora prescriviamo medicine, perché dobbiamo ben dare qualche cosa in cambio dell'emolumento della nostra visita.

Ma, oltre a queste medicine, noi medici siamo convinti dell'esistenza di un'altra medicina, della quale non possiamo segnalare il significato scientifico, che la prassi giornaliera ci dice esistere: la fiducia del malato verso il medico. Quando c'è la fiducia nel medico, l'ammalato guarda verso la guarigione; quando la fiducia nel medico non c'è, l'ammalato guarda verso la morte.

Che cosa vuol dire questa fiducia? Questa fiducia vuol dire libera scelta, da parte dell'ammalato, del medico che lo deve curare.

Ed a questo proposito sono stato incaricato dall'Associazione dei medici liberi professionisti della provincia di Milano e poi ancora dal Consiglio dei Medici fiduciari delle Casse Mutue, di esporre all'Assemblea Costituente i desideri di questi sanitari, e cioè che il progetto di Costituzione garantisca il rapporto di fiducia fra medici ed assistiti. Qualunque sia la organizzazione futura sanitaria, si deve garantire questo al malato, di scegliere il medico che desidera.

La mia critica investe anche il settore morale. Ho parlato della esistenza di istituti cosiddetti di beneficenza, più o meno privati della carità. In regime di liberazione dal bisogno, quale è quello che noi vogliamo instaurare in Italia, questa assistenza caritatevole, paternalistica non deve più esistere. Essa era stata motivata nei secoli scorsi da due ragioni, una ragione che definirò di ordine egoistico e l'altra ragione squisitamente economico politica.

La prima ragione è questa: certi benefattori e certe benefattrici hanno voluto fare una virtù personale di un dovere di solidarietà ed hanno creduto di potersi fare perdonare così nell'al di là di certi peccatucci che avevano commesso nell'al di qua. Insomma, le istituzioni caritatevoli fanno per costoro da anticamera del Paradiso.

La seconda ragione è una ragione squisitamente economico-politica e ce lo dice il fatto che troviamo a capo di questi istituti, il capitale industriale, bancario ed agrario. Chi non vuole riconoscere la necessità di soddisfare i diritti dei lavoratori, elargisce elemosine.

Desidero ricordare ai colleghi deputati, che le ragioni addotte non sono state partorite in questo momento dalla mia mente, ma sono state scritte da un sociologo, che masticava poco Marx, da un sociologo del secolo scorso, il Viganò, nel 1869. La mia critica investe infine il settore economico professionale medico. Sarò breve su questo punto. Due parole per significarvi quale triste vita conducono molti gruppi di medici. A Milano, dodici medici reduci e partigiani, hanno lasciato il bisturi e lo stetoscopio, perché, visto che l'uso di questi strumenti non riusciva a sfamarli, hanno preferito indossare i cinturoni dei metropolitani notturni.

Se questa è la situazione sanitaria, quali sono gli obiettivi che dobbiamo prefiggerci? Io direi che è sostanzialmente uno: quello di garantire la sicurezza sanitaria della popolazione su una base di solidarietà. Badate, che il concetto assicurativo ha ancora in sé qualche cosa di egoistico. Il concetto di solidarietà è qualche cosa di molto più avanzato del concetto assicurativo, perché esso pretende una fusione fra classe e classe, fra categoria e categoria, fra sano ed ammalato. Se noi vogliamo dare uno sguardo panoramico mondiale alla situazione, possiamo vedere come la questione è stata risolta dalle altre Nazioni, come questo problema della salute è stato risolto, perché, non si sta male soltanto in Italia. E se non vogliamo guardare verso le nazioni progredite dell'Est, dell'oriente, verso la Nazione socialista sovietica, verso la repubblica democratica jugoslava, perché qualcuno potrebbe obiettare che quando guardiamo da quella parte abbiamo gli occhi abbacinati dal sole di quella società, — e noi controbattiamo che v'è qualcun altro che ha gli occhiali affumicati dallo scetticismo e dalla prevenzione denigratrice — guardiamo pure verso occidente, guardiamo all'Inghilterra, per esempio.

Questo paese ha creduto di risolvere, o ha risolto, il problema della salute del suo popolo, costituendo un servizio sanitario nazionale e cioè mettendo tutti i sanitari a servizio dello Stato. Questo si è fatto in Inghilterra, ma alla Camera dei Comuni vi è stato qualcuno che si è opposto al nuovo tipo di organizzazione sanitaria inglese, in difesa dei privilegi dei cosidetti liberi professionisti inglesi.

Ha risposto loro, e duramente, il signor Lasky ammonendo i medici poco patriottici ed umanitari che non si servono contemporaneamente due padroni, l'umanità sofferente e l'oro, o l'uno o l'altro.

Vi è un altro Paese, la Nuova Zelanda, che ha un servizio nazionale sanitario già in efficienza da circa 10 anni. La popolazione di quella nazione dal momento in cui nasce, anzi ancor prima di nascere, dal momento in cui è nel ventre della madre al momento in cui muore, è sicura di avere la sua assistenza sanitaria gratuita. Io ho ricordato questi esempi perché, se noi vogliamo garantire ai lavoratori e alle loro famiglie un'assistenza degna d'una nazione civile è necessario che la sanità pubblica sia, nella nuova riforma, pianificata ed organizzata su nuove e più allargate basi. Assistenza collettivistica, quindi, della quale non conosco che due tipi, o l'assistenza nazionale, tipo quella che è stata effettuata in Inghilterra, oppure l'assistenza nell'ambito del lavoro, cioè l'assistenza assicurativa estesa anche ai lavoratori indipendenti ed alle famiglie di questi lavoratori.

L'Inghilterra ha scelto la prima strada; ma le condizioni esistenti in Italia oggi sono molto diverse da quelle esistenti in Inghilterra, e pertanto la riforma sanitaria inglese fa parte di un vastissimo piano, il modificato piano Beveridge, mentre in Italia ancora non abbiamo alcun piano.

E poi c'è una ragione storica che ci deve far propendere verso l'assicurazione del tipo lavorativo. Vi ricordo a questo proposito le gloriose e vecchie mutue di soccorso dei nostri lavoratori, quelle mutue di soccorso che segnano un'evoluzione nella fase produttiva del nostro Paese, e cioè la fase di passaggio dalla produzione agricola all'agricola-industriale. Quando sono cominciate le prime officine, quando sono cominciate le prime industrie e i lavoratori si sono accorti che i legislatori non pensavano ad assicurarli contro l'incapacità lavorativa per malattia, essi hanno fatto una cosa molto semplice, col buon senso e lo spirito di previdenza che caratterizza la nostra gente: si sono assicurati da soli ed hanno creato le mutue di soccorso, quelle associazioni tanto utili e così ben funzionanti, anche se stemmate con la ingenua stretta fra due mani, simbolo della solidarietà umana.

Voglio trovare in esse il principio sancito dall'Unione sovietica: «La difesa della salute dei lavoratori spetta ai lavoratori stessi».

Un valoroso collega, l'onorevole professore Caso, disse giorni fa all'Assemblea: «Come uomo e come medico io difendo nell'intimo della mia coscienza i miei colleghi e soffro nel vedere i miei valorosi colleghi ed i lavoratori stretti nelle maglie della speculazione, da parte di intriganti che pullulano nelle organizzazioni assistenziali».

Ho voluto ricordare le parole dell'onorevole Caso, ed ho voluto ricordare anche le mutue di soccorso fra lavoratori, non per capriccio, perché e l'osservazione d'un medico e la citazione storica debbano persuaderci che se vorremo nel futuro avere organizzazioni assistenziali ben funzionanti, bisogna mettere a capo di esse, coloro che sono direttamente interessati, i lavoratori. I lavoratori sanno difendere la loro salute, perché sanno ch'è il patrimonio più prezioso.

Di fronte a tutto ciò, alla reale situazione sanitaria, salutare ed assistenziale, s'erige nella sua asciuttezza l'articolo 26, che è tutto da rivedere. Ed infatti gli emendamenti che ad esso sono stati proposti non vanno sotto il nome di emendamenti, ma di vere e proprie sostituzioni. È dunque un articolo tutto da rifare. Comunque critichiamolo.

L'articolo 26 dice che la Repubblica tutela la salute, promuove l'igiene e garantisce le cure gratuite agli indigenti. In questa formula evidentemente gli onorevoli costituenti, o meglio la Commissione compilatrice del progetto, ha creduto di vedere anche l'azione preventiva medica. Ora, noi medici diciamo che vogliamo vedere in una Costituzione che ha un valore storico qualcosa che sia più incisivo nei riguardi della protezione della salute. Perché non bisogna dimenticare che la medicina ha fatto una svolta da parecchi anni ad oggi, ed è diventata soprattutto preventiva. Noi ci inchiniamo di fronte alle grandi scoperte della scienza moderna, alla scoperta della penicillina e della streptomicina anglosassoni, e della gramicina sovietica. Ma sappiamo che molto di più di queste scoperte vale la possibilità, socialmente parlando, di poter effettuare periodicamente visite odontoiatriche o visite radiologiche per l'apparato respiratorio. Quindi l'articolo 26 dovrebbe fare un'affermazione più marcata dell'opera preventiva in difesa della salute.

In questo articolo si parla di cure gratuite agli indigenti. Ma quali cure? La Costituzione francese è più coraggiosa. Parla infatti di «tutte le cure che la scienza offre». E anche noi dovremmo avere questo coraggio, e garantire ai lavoratori la protezione della loro salute con tutti i mezzi messi a disposizione della scienza. Non si può continuare soltanto con la somministrazione delle solite medicine a base di calcio o coi soliti sciroppi di poligala; l'assistenza sanitaria non può conoscere la relatività e la sperequazione: si deve dare tutto e a tutti in eguale misura.

D'altra parte non si può continuare con la vecchia formula paternalistica che parla di poveri e di indigenti. Perché se è vero che l'*iter* di un lavoratore può essere interrotto da una infermità e la sua capacità lavorativa può esserne diminuita o addirittura annullata, è altrettanto vero che quel lavoratore deve restare sempre per noi un lavoratore che ha diritto all'assistenza, e non essere considerato come un povero. Egli ha diritto ad essere assistito finché non riacquisti la capacità di tornare al lavoro. Del resto, il concetto della cura gratuita agli indigenti urta contro il principio dell'articolo 31, il quale dice che la Repubblica riconosce a tutti i cittadini il diritto al lavoro ed esige da tutti i cittadini il dovere di svolgere una attività. Il concetto della indigenza deve essere bandito. È un concetto che urta anche contro l'articolo 34, che, parlando dell'assistenza ai lavoratori, sconfigge il vecchio criterio della povertà ed innalza il nuovo concetto della solidarietà.

Dirò per ultimo qualcosa su quel comma dell'articolo 26 che parla di pratiche sanitarie lesive della dignità umana. Viene spontaneo di domandarsi che cosa ci stia a fare questa dichiarazione. E lì per lì confesso che ho pensato che la Costituente volesse dichiarare guerra alle innocenti cannule da clistere, ree di alto tradimento per aggressione alle spalle della dignità umana. Ma non era questa, evidentemente, la ragion d'essere del comma. Forse si è pensato alla sterilizzazione, forse all'aborto; forse qualcuno ha pensato a certe pratiche mediche che oggi sono riti religiosi, come la circoncisione, che possono venire interpretate come violazione della dignità personale.

Crediamo che questo comma non debba entrare nella Costituzione e che, se mai, di proibizione dell'aborto o della sterilizzazione si debba occupare la legislazione ordinaria.

Credo di avere messo l'Assemblea a conoscenza di quello che il partito comunista vorrebbe che fosse la Carta costituzionale riguardo la tutela della salute.

Mi auguro di essere stato felice nel rendere quello che io sento come medico e come studioso di problemi sanitario-sociali; e mi auguro anche di essere stato felice nell'esporre quello che sento come uomo politico, rappresentante delle masse lavoratrici.

Spero che quel punto di incontro, di cui ha parlato il compagno Togliatti, in un suo discorso in questa Assemblea, punto di incontro dei diversi raggruppamenti politici, si possa trovare a questo proposito.

Mi auguro che il popolo italiano possa avere tra qualche giorno la notizia che, al di fuori d'ogni ideologia e d'ogni strategia, l'Assemblea Costituente, all'unanimità, ha sancito il diritto alla salute per il popolo italiano, sulla base della solidarietà, contro qualsiasi speculazione, contro qualsiasi sopraffazione ed egoismo, per l'unione intima dell'umanità cosiddetta ricca all'umanità cosiddetta povera, dell'umanità sofferente all'umanità sana, dell'umanità dolente all'umanità gioiosa (*Applausi*).

## 12. Seduta di mercoledì 23 aprile 1947

[L'Assemblea Costituente inizia l'esame degli emendamenti agli articoli del Titolo secondo della Parte prima del progetto di Costituzione: «Rapporti etico-sociali».]

Orlando Vittorio Emanuele. [...] Così, dunque, io voglio ben guardarmi dal fare dei lunghi discorsi; ma credo di non dovermi astenere dallo svolgere taluni rilievi e talune osservazioni, che mirano per l'appunto a dimostrare come vi siano argomenti, che la Costituzione avrebbe fatto meglio a lasciar fuori e sui quali si sarebbe potuto risparmiare una lunga discussione in questa sede.

Per esempio, nell'articolo 26 si dice: «Nessun trattamento sanitario può essere reso obbligatorio se non per legge»; ma c'è proprio bisogno di dirlo? Non c'è già la dichiarazione generale del rispetto della personalità umana? Per la stessa ragione per cui la persona umana è sacra ed inviolabile — e questo che si diceva del Re, lo si deve dire di ognuno — è da ritenersi, anche senza bisogno di alcuna esplicita dichiarazione, che nessuno possa arbitrariamente essere assoggettato ad un trattamento sia pur sanitario, e che siano da vietarsi quelle pratiche sanitarie che ledano la dignità umana.

## 13. Seduta di giovedì 24 aprile 1947

Il 24 aprile 1947 l'Assemblea Costituente prosegue l'esame degli emendamenti agli articoli del Titolo secondo della Parte prima del progetto di Costituzione: «Rapporti etico-sociali».

Presidente Terracini [...] L'ordine del giorno reca: Seguito della discussione del progetto di Costituzione della Repubblica italiana.

Si passa all'esame dell'articolo 26, il quale è del seguente tenore:

«La Repubblica tutela la salute, promuove l'igiene e garantisce cure gratuite agli indigenti.

«Nessun trattamento sanitario può essere reso obbligatorio se non per legge. Sono vietate le pratiche sanitarie lesive della dignità umana».

Il primo emendamento è quello a firma degli onorevoli Sullo, Valenti, Mastino Gesumino, Castelli Avolio, Reale Vito, Geuna, Caccuri, inteso alla soppressione dell'intero articolo.

L'onorevole Sullo ha facoltà di svolgerlo.

Sullo. La ragione per cui è stata presentata da noi questa proposta di soppressione, è costituita dal desiderio di venire in concreto incontro a quelle critiche che sono state fatte più volte in quest'Aula da molti oratori circa la superfluità di taluni articoli o di talune affermazioni che non debbono trovar posto in una Carta costituzionale.

In linea specifica, si può affermare che, in questa prima parte del progetto di Costituzione, vi siano due categorie di diritti: i diritti di libertà e i diritti sociali.

I diritti di libertà sono riaffermati più per un valore polemico nei riguardi delle violazioni che si sono avute da parte del fascismo dei diritti stessi che per altre ragioni che sono ormai nella coscienza del mondo moderno.

I diritti sociali, invece, costituiscono delle innovazioni e dei germi che potranno avere uno sviluppo nella legislazione ordinaria.

Ma questo articolo 26 non afferma in realtà né diritti di libertà, né diritti sociali. Non afferma diritti di libertà, perché quello che potrebbe essere un diritto di libertà, nel secondo comma che dice testualmente: «Nessun trattamento sanitario può essere reso obbligatorio se non per legge; sono vietate le pratiche sanitarie lesive della dignità umana», non ha invece quel valore polemico che presentano altri articoli della nostra Costituzione, in quanto non v'è stata alcuna violazione in Italia che possa essere contemplata da questo secondo comma ed è, pertanto, inutile che si parli di ciò, perché anche la sola menzione può essere un'offesa alla tradizione nostra in questo campo.

Per quanto riguarda poi i diritti sociali, non si parla, nell'articolo 26, di diritti sociali nuovi. In realtà, in Italia, nei limiti dei bilanci e degli accorgimenti della tecnica amministrativa, è stata sempre tutelata la salute ed è stata sempre promossa l'igiene.

Si vedrà in concreto se questi mezzi ci saranno; ma non mi pare si possa far luogo ad alcuna affermazione di principio sotto questo riguardo. Se, pertanto, questo articolo non deve contemplare che interessi di qualche classe, io ed i miei colleghi pensiamo che sia bene sopprimerlo, anche per ragioni di euritmia.

Insieme con altri colleghi, ci siamo anche resi promotori di un'altra proposta di soppressione: quella dell'articolo 29.

Anche le affermazioni contenute in questo articolo sarà bene che siano tolte. Noi abbiamo interesse che la Carta costituzionale sia formata di articoli che veramente dicano qualche cosa, e non che rappresentino dei riempitivi.

Ho visto, per esempio, emendamenti che modificano e forse in parte possono avere qualche ragione di essere, ma ho visto emendamenti che adombrano la necessità della costituzione di un Ministero della sanità. Non credo, per esempio, che in questa sede occorra che noi stabiliamo se debba essere un centro unitario o non unitario quello che riguarda la sanità e l'igiene.

Per questo ritengo, a nome dei colleghi che hanno presentato l'emendamento, che occorra insistervi per dimostrare che non siamo tra coloro che in astratto affermano la superfluità e in concreto non sanno trovare il punto superfluo. Noi riteniamo che questo sia un punto superfluo; richiamo perciò l'attenzione dei nostri colleghi, perché approvino questa soppressione.

Presidente Terracini. L'onorevole Caronia ha presentato all'articolo 29 il seguente emendamento firmato anche dagli onorevoli Maffi, Lettieri, Cotellessa, Spallicci, Fornara, Merighi, Borsellino, Coppa Ezio, Capua, Del Curto, Marconi, De Maria, Martino Gaetano.

«*Sostituirlo col seguente*:

«La Repubblica si propone la tutela della salute come un fondamentale diritto dell'individuo e come un generale interesse della collettività.

«Lo Stato assolve tale compito attraverso istituzioni coordinate intorno ad un unico organo centrale ed autonomo.

«Nessun cittadino può essere obbligato ad un determinato trattamento sanitario se non per disposizione di legge, la quale, però, mai potrà superare i limiti imposti dal rispetto della personalità umana».

Poiché egli successivamente ha apportato delle modifiche a questo emendamento, lo invito a svolgerlo dandone lettura nel suo testo definitivo.

Caronia. Proprio in questo momento ho presentato qualche modifica all'emendamento, concordata con tutti i firmatari dell'emendamento stesso: Do lettura del nuovo testo:

«La Repubblica tutela la salute come un fondamentale diritto dell'individuo e come un generale interesse della collettività.

Lo Stato assolve tale compito attraverso istituzioni coordinate intorno ad un unico organo centrale ed autonomo.

Nessuno può essere obbligato ad un determinato trattamento sanitario se non per disposizione di legge, la quale inoltre garantisce il rapporto di fiducia fra medico ed ammalato».

Lo illustrerò brevemente, dopo aver dato meritata lode alla Commissione dei settantacinque che non ha dimenticato di consacrare nella Costituzione i principî fondamentali riguardanti la tutela della salute, dando così una preventiva risposta all'onorevole Sullo, che vorrebbe escludere dalla Costituzione ogni cenno ad una delle più alte funzioni dello Stato e ad uno dei diritti più sacrosanti del cittadino.

Il nostro emendamento, sostanzialmente, non importa modifiche notevoli all'articolo 26 proposto dalla Commissione, apporta qualche modifica di forma e vuol colmare qualche lacuna.

Noi proponiamo che il primo comma, cioè «La Repubblica tutela la salute, promuove l'igiene e garantisce cure gratuite agli indigenti», sia sostituito dalla formula: «La Repubblica tutela la salute come un fondamentale diritto dell'individuo e come un generale interesse della collettività».

La «tutela della salute», implica anche la prevenzione delle malattie. Quindi ci pare superfluo aggiungere: «promuove l'igiene». Un articolo di Costituzione deve essere sintetico. Mirabile esempio di sintesi, che in quattro parole tutto esprime, è la norma di diritto sancita da Roma antica: *salus publica suprema lex*.

Crediamo opportuno eliminare anche la dizione «e garantisce cure gratuite agli indigenti», perché ci sembra limitativa della prima affermazione. Lo Stato, secondo noi, a tutti deve assicurare i mezzi di prevenire e curare le malattie. Certi mezzi di prevenzione e di cura sono così complessi e costosi da poter riuscire difficile procurarseli anche al cittadino più facoltoso con le sue sole disponibilità. L'organizzazione sanitaria deve essere tale, che a tutti deve essere data la possibilità di usufruirne. Stabilirà poi la legge le norme che assicurino ai non abbienti la gratuità.

Quella frase «garantisce cure gratuite agli indigenti» sa troppo di congregazione di carità, senza dire che, se teniamo presenti tutte le provvidenze di uno Stato moderno, quali del resto sono tracciate nei vari articoli della

Costituzione, dovrebbe scomparire la figura dell'indigente, cioè del miserabile, se non quella del povero.

Il secondo comma da noi proposto, non è compreso nell'articolo proposto dalla Commissione. Esso però scaturisce quale conseguenza del primo. Se viene affermato il principio che la Repubblica tutela la salute di tutti i cittadini, è bene che sia stabilita la modalità per l'applicazione di tale compito.

Ci si potrebbe opporre che l'argomento non è materia di Costituzione. L'obiezione ce la siamo posta anche noi, ma ce l'ha fatta sorpassare la considerazione che, nel momento in cui la Nazione si appresta a darsi una più razionale ed efficace organizzazione sanitaria, non è male affermare nella Costituzione il principio di creazione di un organo centrale ed autonomo che coordini e disciplini la complessa e delicata materia.

L'assistenza sanitaria più di ogni altra richiede unità di direttive e coordinamento di mezzi. Nell'ambito della sanità oggi si tende addirittura all'organizzazione unitaria internazionale. In Italia la unificazione parzialmente riconosciuta dalla legislazione non ha avuto applicazione. Ne è derivata una grande confusione nel campo sanitario per dispersione di mezzi, costose interferenze ed inevitabili deficienze. Per brevità non mi dilungo in esemplificazioni. Dirò soltanto che mentre l'Alto Commissariato per la Sanità ha alle sue dipendenze soltanto 14 o 15 istituti sanitari, circa un numero doppio di istituti sanitari è alle dipendenze di altri enti pubblici o privati, con direttive diverse, se non in contrasto.

L'organo unico centrale, che noi auspichiamo, è definito anche autonomo. Qualcuno ci ha chiesto cosa intendiamo esprimere con la qualifica autonomo. Noi intendiamo dire con questo che l'organo sanitario sia ben distinto dalle altre amministrazioni dello Stato. Sino ad oggi l'amministrazione sanitaria in Italia è stata ed è alle dipendenze del Ministero dell'interno o di altri Ministeri. Ne deriva, per esempio, che un provvedimento sanitario in una provincia non viene emanato dal medico provinciale, capo della sanità, ma dal Prefetto, cioè da un'autorità incompetente. Non è chi non veda gli inconvenienti di simili interferenze.

Noi, sull'esempio di altri Paesi tra i più progrediti, desideriamo affermare che anche l'amministrazione sanitaria sia autonoma, ed abbia carattere tecnico, così come quella militare, quella delle comunicazioni, ecc.

Altro motivo ci induce a chiedere che sia consacrato nella Costituzione il principio della creazione dell'organo coordinatore centrale ed autonomo.

Come si rileva da varie applicazioni già in atto e dallo stesso progetto di Costituzione, lo Stato italiano si avvia verso una struttura decentrata regionalistica. Per la sanità ciò potrebbe costituire un danno, se dal solo decentramento amministrativo si dovesse arrivare a quello normativo, donde l'opportunità di affermare in sede costituzionale il principio unitario dell'indirizzo sanitario, principio che è la base essenziale per un'efficace tutela della salute pubblica.

Sul comma terzo non spenderemo molte parole. È ovvia la sua opportunità e crediamo che da tutti esso venga accettato, perché rispondente al sacrosanto principio della libertà e del rispetto della personalità umana.

In una prima dizione noi avevamo espresso un principio limitativo dei poteri della legge, principio anche contenuto nell'articolo proposto dalla Commissione, dove alla parola «dignità», che riguarda la figura morale dell'individuo, avevamo sostituito la parola «personalità». Ma abbiamo, dopo più ponderato esame, rinunciato alla enunciazione, perché non vogliamo pensare che possano mai affermarsi nel nostro Paese pratiche che comunque possano ledere la personalità umana, quali la sterilizzazione obbligatoria, l'obbligo della visita prematrimoniale e simili aberrazioni.

Abbiamo piuttosto, in connessione al terzo comma, voluto affermare il principio che la legge garentisca i rapporti di fiducia tra medico e ammalato, perché ci sembra ciò opportuno per il rispetto alla libertà dell'esercizio professionale ed alla volontà di scelta da parte dell'ammalato. Il principio riguarda anche la delicata questione del segreto professionale che è bene sia garentito.

Pongo fine al mio dire chiedendo alla Commissione di voler far proprio l'emendamento, che tutti i sanitari d'Italia, attraverso la voce del Gruppo medico parlamentare, propongono, e pregando l'Assemblea di volerlo approvare. (*Applausi a destra*).

<u>Presidente Terracini</u>. L'onorevole Maffi, che figura firmatario dell'emendamento Caronia, ha presentato un emendamento all'emendamento Caronia, nel senso di sopprimere la frase che si riferisce al rapporto di fiducia tra assistito e medico e di ridurre l'articolo 26 esclusivamente al primo comma.

L'onorevole Maffi ha facoltà di svolgere il suo emendamento.

<u>Maffi</u>. L'ampiezza della discussione svoltasi su questo argomento, la molteplicità degli elementi apportati da tutti i rappresentanti del campo medico, e non soltanto medico, perché ciò che non è campo medico è virtualmente campo dell'assistito, hanno messo in vista due elementi.

Il vecchio testo Caronia conteneva la frase «limiti imposti dal rispetto della personalità umana», frase che, per accordo unanime, abbiamo creduto di sopprimere, perché sappiamo a quante sfumature di interpretazione, fra cui molte pericolosissime, potrebbe prestarsi una simile dizione. Potrebbero entrare in giuoco elementi razzisti ed elementi chiesastici, in un senso o nell'altro, il pietismo ed una specie di persecuzione razziale, con atteggiamenti diversi, ma altrettanto dannosi.

La questione è puramente umana e medica e non può essere oggetto di questa nostra trattazione; è materia troppo ampia e pericolosa.

Vi è un'altra questione. Si dice nell'emendamento Caronia: «Lo Stato assolve tale compito attraverso istituzioni coordinate intorno ad un unico organo centrale ed autonomo».

Gli argomenti portati dall'onorevole Caronia mi hanno convinto che è utile considerarla come questione, non di Costituzione, ma di legiferazione dello Stato italiano.

L'argomento riferentesi alle autonomie regionali mi ha confortato in questo mio concetto della utilità della soppressione, e di rinvio ai compiti legislativi del nuovo Stato.

La stessa cosa devo dire per ciò che riguarda la fiducia tra medici ed ammalati.

Questa fiducia o sfiducia è connessa con una quantità di questioni, che hanno per fondamento una imperfetta organizzazione assistenziale.

Guai, se dovessimo ammettere un criterio di questo genere, il quale turberebbe tutti i servizi sanitari, che sono ora intaccati dalla esperienza triste, fatta da una legislazione imperfetta nelle sue origini, qual è il complesso delle istituzioni, cosiddette assistenziali, fasciste; le cosiddette «mutue», le quali funzionano in un modo non corretto, insufficiente, immorale; perché la retribuzione dei medici è tale, che viene artificiosamente creato un metodo di funzionamento che compensa la indecorosa retribuzione fatta ai medici.

Se noi abbiamo delle condotte veramente buone e bene organizzate, dei buoni ospedali, dei buoni ambulatori e sanatori, bene organizzati e bene sostenuti, questo problema diventa un problema incidentale e che deve essere oggetto di una grande vigilanza.

Nessuno, naturalmente, escluderà il concetto del consulto, ma sostenere ora qui, in sede costituzionale, la soluzione di un problema che è così intimamente tecnico, per conto mio, è un errore, è un azzardo. Ed io credo che il carattere di una Costituzione deve essere questo: impegnare a ciò che è sostanziale, evitare le ipoteche di dettaglio sulla nuova legislazione.

Perciò io ho presentato il mio emendamento che riduce l'articolo 26 a questa formulazione:

«La Repubblica si propone la tutela della salute, come fondamentale diritto dell'individuo e come generale interesse della collettività».

Ritengo tutto il resto non sufficientemente fondato, non sufficientemente studiato, troppo tecnico, materia di legiferazione, e affermazione pericolosa.

Presidente Terracini. Gli onorevoli Capua e De Maria hanno presentato il seguente emendamento:

«*Aggiungere al secondo comma dell'emendamento Caronia il seguente comma*:

«La legge garantisce la libertà di scelta nei rapporti tra medico ed assistito.

«*In caso di reiezione dell'emendamento Caronia, aggiungere il comma al testo dell'articolo*».

Dopo le modificazioni apportate all'emendamento Caronia, l'emendamento Capua si intende assorbito.

L'onorevole Camangi ha presentato il seguente emendamento:

«*Sostituire l'articolo col seguente*:

«La difesa e la cura della salute fisica dei cittadini è compito della Repubblica.

«Lo Stato assolve tale compito direttamente e attraverso gli Enti locali in modo da assicurare in materia a tutti i cittadini la maggiore parità di condizioni.

«Nessun cittadino può essere obbligato ad un determinato trattamento sanitario, se non per disposizione di legge, la quale, però, mai potrà superare i limiti imposti dal rispetto della personalità umana».

Ha facoltà di svolgerlo.

Camangi. Ero e sono tuttora dell'opinione che molti argomenti che stiamo infilando nella Costituzione non dovrebbero esservi infilati. È per questo che ieri ho votato l'ordine del giorno Orlando.

Tuttavia, se questa opportunità di affrontare certi problemi nella Costituzione viene riconosciuta dalla maggioranza dell'Assemblea, ritengo che questi problemi debbano essere affrontati con una visione più ampia di quello che si è fatto, per esempio, nell'articolo 26, per quanto riguarda la pubblica salute.

Se si deve trattare di questo argomento, a me pare che l'articolo 26 sia molto poco. Non è per una ostinata smania del nuovo, ma io credo che si abbia diritto di pretendere che, se si affronta questo problema, non si possa minimizzarlo e ridurlo a qualche cosa di così poco e, sopratutto, di così vecchio come si fa all'articolo 26; ma bisogna vederlo nella sua grandiosità, nella grandiosità per la quale la pubblica salute deve essere veramente — come ho sentito dire — la suprema legge della Repubblica; suprema legge per la tutela di quel patrimonio fondamentale della Repubblica che è la salute fisica dei cittadini. E allora, se così è, affrontiamo il problema con il coraggio consapevole, meditato, necessario e sufficiente per dire anche su questo problema una parola nuova e per mirare, per lo meno, ad un ordinamento nuovo.

Il concetto informatore del mio emendamento — e in questo credo che si distacchi da quello dei colleghi che mi hanno preceduto, che a me pare, in certo senso, troppo generico — è questo: stabilire il principio che l'assistenza sanitaria, intesa nel senso più completo, quindi medici, medicine, analisi ospedali ecc. deve essere una funzione dello Stato, dei suoi organi centrali e periferici, e deve essere una prestazione alla quale devono aver diritto tutti i cittadini, indipendentemente dalle loro condizioni economiche; stabilire, naturalmente, il principio per fare qualcosa di nuovo e per eliminare — soprattutto in applicazione immediata e pratica di quello che abbiamo già precedentemente stabilito — una delle più dolorose disparità, una delle più dolorose ineguaglianze che attualmente vi sono tra i cittadini italiani.

Noi abbiamo stabilito, al secondo comma dell'articolo 3, che: «È compito della Repubblica rimuovere gli ostacoli di ordine economico e sociale che, limitando di fatto la libertà e l'eguaglianza dei cittadini, impediscono il completo sviluppo della persona umana...». È questa, io credo, una delle più importanti applicazioni di questo principio che noi abbiamo già sancito. Stabilire un principio, dicevo, non per amore di affermazioni utopistiche o peggio, per fare della retorica, o, peggio ancora, per fare della demagogia, ma per tradurlo in atto. Se io pensassi soltanto lontanamente ad una impossibilità di questa traduzione in atto, mi vergognerei di parlare di questo argomento e in questo senso. Io invece ho la convinzione, direi matematica, della possibilità di una traduzione in atto; la convinzione che la cosa non soltanto non sia impossibile, ma non sia nemmeno troppo difficile.

Naturalmente non penso di entrare troppo nel dettaglio, anche perché non sarebbe questa la sede per una analisi di dettaglio. Io credo che basti accennare a voi, onorevoli colleghi, il problema per darvi un'idea di massima di questa possibilità ed esporvi alcune considerazioni. Pensate, per esempio, alla enorme molteplicità di istituti, enti, associazioni di ogni genere che si riferiscono a questa materia; pensate a quella che è l'attività dei Comuni in questo campo: condotte mediche, enti comunali di assistenza ecc.; pensate all'attività delle province: ospizi, manicomi, istituti antimalarici ecc.; pensate, per esempio, alla Croce Rossa; pensate alla parte che riguarda questo argomento nell'attività dell'Istituto della previdenza sociale; pensate soprattutto a quell'Istituto assistenza malattie ai lavoratori, ex mutue, del quale i lavoratori sanno il funzionamento, e sanno di che lacrime grondi questo funzionamento, a questo istituto che si vanta di assistere ben 16 milioni di unità in Italia; pensate a tutto questo complesso — non mi dilungo in questa elencazione — pensate a tutto questo complesso e voi arriverete per lo meno a questa constatazione: che tutto questo complesso di attività si risolve in un altissimo costo specifico delle prestazioni.

Se si potesse fare una somma esatta delle spese che si fanno da tutto questo complesso di attività per quei fini, noi arriveremmo probabilmente ad una cifra che ci sorprenderebbe, perché credo che nessuno di noi abbia la possibilità di avere un'idea, sia pure di massima, dell'ordine di grandezza di queste spese. Allora, io dico: se noi pensiamo soltanto alla opportunità di spendere una cifra, che certamente è enorme, in maniera un pò più razionale, un pò più organica, un pò più metodica, noi dovremo certamente concludere nel senso della possibilità e della convenienza di metterci sulla via che io ritengo sia quella giusta. Vi saranno certamente mille difficoltà da superare, molti problemi particolari da risolvere, molti aspetti di dettaglio, anche importantissimi, da esaminare e da tener presenti, primo fra tutti il problema della posizione del medico in questo nuovo ordinamento. Io penso, fra parentesi, che il medico dovrebbe diventare qualcosa di simile al magistrato. Ma tutto questo non è e non può essere materia di questa discussione. Noi dobbiamo per ora soltanto affermare una norma generale, un fine da raggiungere, un progresso da realizzare sulla via della civiltà.

Io non penso che quanto auspicato possa realizzarsi rapidamente. Molti altri postulati della nostra Costituzione richiederanno del tempo per attuarsi completamente. Quello che importa è affermare il principio e iniziarne volonterosamente l'attuazione.

D'altra parte è certo che, se è vero, come io penso, che l'attuazione sia possibile, per le considerazioni di carattere statistico ed economico alle quali ho accennato, è anche vero, onorevoli colleghi, che tutte le realizzazioni, specie quelle di carattere sociale, presuppongono due cose: una possibilità materiale in potenza e la volontà da parte di chi deve attuarle di volerle attuare. È a questo secondo presupposto che noi dobbiamo riferirci oggi: la volontà di andare avanti, di vincere tutte le difficoltà, soprattutto la volontà di dimostrare al mondo e anche a noi stessi, che, pure nelle angustie del nostro tempo, noi guardiamo avanti e guardiamo lontano e che non facciamo una Costituzione soltanto perché abbiamo perduto una guerra — come con dolore ho sentito affermare — ma perché vogliamo, con essa non soltanto rifarci una vita, ma creare al di sopra delle contingenze, anche le più dure e le più gravi, un mondo migliore. E la Repubblica è, io credo, e deve essere sopratutto, un mondo migliore e più giusto. (*Applausi*).

Presidente Terracini. L'onorevole Merighi ha apposto la sua firma all'emendamento dell'onorevole Caronia, e ritengo, quindi, che sia decaduto l'emendamento che egli ha presentato in nome proprio.

Merighi. Chiedo di parlare.

Presidente Terracini. A che proposito desidera parlare?

Merighi. Ho anch'io proposto un articolo sostitutivo dell'articolo 26.

Presidente Terracini. Lei ha presentato, è vero, il suo emendamento sostitutivo, ma stamane, quando ho ricevuto il testo del nuovo emendamento sostitutivo firmato dall'onorevole Caronia, ho visto che vi figura anche la sua firma. Ora, io non giungo a poter pensare che un collega presenti contemporaneamente due articoli sostitutivi sullo stesso articolo. Lei quindi può rinunciare o alla firma che ha apposto all'emendamento Caronia, o al suo emendamento.

Merighi. C'è un piccolo equivoco, signor Presidente. In effetti io ho firmato l'articolo sostitutivo che porta, per prima, la firma del professor Caronia e avevo per questo rinunciato a parlare in sede di discussione generale, anche per aderire al di lei desidero di abbreviare la discussione. Però, rileggendo l'articolo, ho compreso che, soprattutto da un punto di vista particolare del mio Partito, sarebbe stato conveniente dare qualche delucidazione, aggiungere qualche specificazione: così avevo desiderato di presentare due piccoli emendamenti all'articolo sostitutivo del professor Caronia che portava anche la mia firma, e che portava anche quella del collega Maffi. Ma mi è stato detto che presentare un emendamento all'emendamento non era perfettamente corretto, e allora ho pensato di proporre l'articolo sostitutivo, al quale però manca l'aggiunta contenuta nell'emendamento Caronia, in cui si parla di garanzia del rapporto di fiducia tra medico ed ammalato. Questa aggiunta era stata in realtà discussa in sede di gruppo medico parlamentare, ma ritenevo fino a questo momento, che fosse stata presentata da altri colleghi e non fosse stata accettata dal professor Caronia. Sono, quindi, a questo punto ed è per questo che — se lei me lo consente, signor Presidente — ho il dovere di parlare per specificare il mio atteggiamento che risponde anche al pensiero del gruppo parlamentare socialista.

Presidente Terracini. Onorevole Merighi, io le do facoltà di parlare, ma la prego di precisare se lei conserva la sua adesione all'emendamento Caronia.

Merighi. No, bisogna che ritiri tale adesione.

Presidente Terracini. Allora s'intende senz'altro che ella conserva il suo emendamento, che è del seguente tenore:

«*Sostituire l'articolo col seguente*:

«La Repubblica si propone la tutela della salute come un fondamentale diritto dell'individuo e come un generale interesse della collettività. A tale diritto corrisponde, nell'individuo stesso, il dovere di tutelare la propria sanità fisica, anche pel rispetto della stessa collettività.

«Lo Stato assolve tale compito (compito che è di cura e di assistenza dell'uomo infermo, di difesa preventiva della sua salute e di miglioramento della stirpe umana) a traverso istituzioni coordinate intorno ad un unico organo centrale ed autonomo.

«Nessun cittadino può essere obbligato ad un determinato trattamento sanitario se non per disposizione di legge, la quale, però, mai potrà superare i limiti imposti dal rispetto della personalità umana».

Ha facoltà di svolgerlo.

Merighi. Sarò ad ogni modo breve. Come ho rinunciato a parlare in sede di discussione generale, così sento il dovere di essere breve e conciso anche in questa sede.

Intendo anzitutto fare una precisazione; debbo respingere un sospetto dell'oratore che ha parlato a favore della soppressione dell'articolo 26, il quale ha accennato ad una ipotesi che non corrisponde a realtà; cioè che questo articolo 26 nasconda un particolarismo di determinate classi. Ciò non è vero: Noi medici socialisti — e l'onorevole Maffi è un collega anziano e sa quali sono le tradizioni dei medici socialisti in campo sanitario — abbiamo sì combattuto in origini molto lontane, per delle rivendicazioni di dignità e di interesse di classe; ma abbiamo sempre contemperato questo pensiero di dignità e di interesse della nostra classe con altri interessi: soprattutto con gli interessi delle classi lavoratrici, perché noi medici — e specialmente noi medici socialisti — che esaminiamo i problemi della sanità attraverso le condizioni miserande di una grande quantità di cittadini italiani, abbiamo sempre considerato questi problemi come insiti nelle stesse nostre rivendicazioni.

Quindi, non è un particolarismo di classe che noi oggi affermiamo con questo articolo 26; vogliamo semplicemente che il problema sanitario sia considerato come facente parte del complesso dello Stato italiano, sotto il punto di vista della sua importanza fondamentale per la nostra costituzione sociale.

Inoltre vi è un'altra affermazione che ho sentito fare: cioè che in questo articolo non possono essere considerati né diritti di libertà né diritti sociali. A me pare invece che sia intuitivo che le condizioni sanitarie della popolazione devono essere considerate come realmente dei diritti sociali. Ma c'è anche un'altra cosa che bisogna considerare a proposito della libertà: cioè che per me — e forse per molti di noi — la salute è il primo requisito essenziale per la libertà dell'individuo. Un individuo malato o minorato nelle sue capacità fisiche e intellettuali, indubbiamente non è più un uomo libero.

Ecco perché noi, volendo che il problema sanitario entri nella Costituzione italiana, intendiamo anche attenerci ad un principio di libertà fondamentale dell'individuo.

Non mi soffermo, perché ne ha già parlato il collega Caronia, sulla questione degli indigenti. Noi respingiamo il concetto di indigenza consacrato nella Costituzione italiana. Oggi che tutti tendono alla solidarietà sociale, non possiamo pensare ad una categoria di cittadini che siano considerati indigenti e che, quindi, continuino ad avere bisogno della carità: non c'è più carità; c'è la solidarietà sociale.

Ma per venire alle mie aggiunte, ho creduto opportuno — e in seno al mio Gruppo non mi è stata negata la facoltà di sostenere questo principio — che insieme al diritto del cittadino di essere tutelato nella sua salute dalla Repubblica italiana o, per meglio dire, dallo Stato italiano, si potesse anche per contrapposto — o anzi, ad integrazione di questo principio — stabilire che vi è anche un dovere da parte del cittadino di collaborare con la collettività, nel senso di promuovere per se stesso tutti quei mezzi, tutte quelle iniziative che tendono a tutelare la sua stessa salute. E questo per un principio, diremo così, anche di socialità che noi dobbiamo inserire nella futura etica del cittadino italiano. Questo principio, in fondo, è già un pochino sancito dall'articolo 10, il quale, a proposito della facoltà di circolare, di dimorare in qualsiasi parte della Repubblica italiana, stabilisce che il cittadino ha il dovere però di rispettare le leggi sanitarie: e quindi vincola la sua libertà. Mi si dice che questo principio di tutela della propria salute non è perfettamente giuridico, in quanto che ad un dovere deve essere sempre fatta corrispondere una sanzione quando a questo dovere si sia venuti meno. Ma qui siamo in un campo morale.

Può essere anche d'altra parte sancito negli ordinamenti scolastici un principio sull'insegnamento dell'igiene ed io me lo auguro. Si dovrebbe anzi incominciare fin dalle scuole primarie. Perciò, illustrando qualche concetto della nuova Costituzione si potrebbe illustrare anche il dovere di difendere la propria salute per il bene della collettività.

Noi sappiamo inoltre quanto incidano sulle condizioni della nostra umanità le malattie sessuali. Anche, quindi, dal punto di vista educativo si potrebbe trovare l'appiglio per insegnare alla gioventù a difendersi da queste malattie sempre molto gravi per la nostra stirpe.

Passo poi al secondo comma che è molto discusso — e mi dispiace che anche il collega Maffi lo combatta —; vi si vorrebbe stabilire, da parte nostra, che tutti gli organismi sanitari facciano capo ad un unico organo coordinatore ed autonomo.

Maffi. Tengo a dichiarare che non lo combatto; solo non credo che sia materia da trattarsi in questa sede.

Merighi. E io invece credo, collega Maffi, che sia bene stabilirlo qui. Noi ci troviamo infatti di fronte a tante istituzioni sanitarie — lo ha spiegato efficacemente anche il collega onorevole Caronia — ognuna delle quali marcia per proprio conto, così da rendere i risultati che si conseguono ben più miseri di quelli che dovrebbero essere, specialmente nell'interesse delle classi lavoratrici.

Noi vorremmo, quindi, pur fondandoci su quello che in atto esiste nel mondo sanitario, puntare anche verso l'avvenire, perseguendo la mira di un coordinamento di queste istituzioni.

Auspichiamo non un centro soffocatore di tutte le energie, ma soltanto un centro coordinatore, un centro tecnico che sappia dare soprattutto un unico indirizzo in cui sia armonicamente fusa l'assistenza e la previdenza.

Istituto per la previdenza sociale, Mutua malattie dei lavoratori, Istituto nazionale per gli infortuni sul lavoro: sono tre organismi diversi e distinti. E sapete voi come uno scrittore che si occupa di questi argomenti li ha qualificati? Le tre lupe che, dopo il pasto, hanno «più fame che pria».

Noi sappiamo infatti che questi istituti spendono il 75 per cento delle loro rendite per le sole funzioni amministrative.

Ecco quindi, la necessità di coordinare, mediante un organo tecnico che sopprima quella infinità di bardature che vanno a tutto danno dell'assistenza. Il mio inciso vuole precisamente questo ed è inteso a semplificare ed a spiegare questo concetto, perché i problemi sanitari anche dentro questa Assemblea, che è composta di cittadini che sanno molte cose, i problemi dell'assistenza sanitaria non sono completamente e perfettamente conosciuti. Ed è per questo che cerco di esemplificare il concetto con questo inciso: Lo Stato assolve tale compito, che è di assistenza dell'uomo infermo (l'assistenza comprende anche il danno economico prodotto dalla malattia); di difesa preventiva della sua salute (e siamo in un campo igienico vastissimo) e di miglioramento della specie umana (avevo scritto «stirpe», ma mi si dice che è una brutta parola e la sostituisco con «specie»).

Mi si è detto anche che questo inciso ricorda un pò troppo quanto fu fatto dal fascismo; faccio osservare che il fascismo tendeva sì al miglioramento della specie umana, ma aveva esasperato questo concetto riferendosi alla pura materialità, cioè, esclusivamente al miglioramento della natura fisica dell'uomo, senza pensare al miglioramento della natura psichica, mentre il miglioramento della specie umana che noi auspichiamo è un miglioramento completo: il miglioramento della salute fisica e morale dei cittadini.

D'altra parte, noi sappiamo, per esempio, che un quinto dei bambini nati hanno bisogno di interventi per correggere i difetti del loro organismo: vista, udito, deambulazione, favella e tante altre cose. Non vogliamo arrivare alla eugenetica pura, all'esame chimico dei cromosomi, ma in tutti i modi vogliamo coordinare questo concetto a tutto quello che è contenuto nella difesa della salute è della integrità e perfettibilità dell'uomo. Ricordo a questo proposito l'assistenza prenatale e post-natale già in atto.

Né va trascurato il concetto, che è stato sostenuto principalmente dal collega Pajetta, riguardante il dovere della Repubblica di promuovere e perfezionare tutti quegli organismi che possono tendere al miglioramento della gioventù. E per questo io insisterei nel mantenere questo mio emendamento.

Sono contrario poi all'ultima parte dell'emendamento relativa alla reciproca fiducia fra medico e malato. La reciproca fiducia è una cosa molto importante; ma noi in primo luogo riteniamo che la fiducia, il medico se la deve conquistare per le sue virtù personali: virtù di sapere e virtù di carattere. In secondo luogo la reciproca fiducia vorrebbe significare il segreto professionale da un lato ed il rapporto diretto fra medico e ammalato. Sul segreto professionale non mi soffermo: ma se vogliamo codificare il rapporto diretto fra medico e malato, noi andiamo ad infirmare una quantità di cose già esistenti. Si potrebbe arrivare persino ad infirmare la stessa condotta medica, in quanto il medico condotto è scelto dall'amministrazione, non per la fiducia che è stata data a questo medico dalla popolazione, ma perché egli ha raggiunto la possibilità di conquistarsi la condotta attraverso i suoi meriti professionali.

Quindi non dobbiamo entrare in questo argomento, come diceva il collega Maffi. Noi vogliamo essenzialmente modificare, migliorare quelli che sono gli istituti attuali, senza la menomazione della dignità professionale. E saremo perciò perfettamente d'accordo nel difendere i diritti dei medici di fronte agli istituti attualmente esistenti.

Ma questo non significa che noi possiamo sopprimere la facoltà delle amministrazioni o di altri organismi di potersi scegliere con concorsi e con tutte le garanzie necessarie i relativi sanitari. Qui sì che possono entrare gli affari particolaristici di una classe, ma in tutti i modi noi non possiamo, dal punto di vista delle organizzazioni che si stanno creando, accettare il principio così nettamente sancito. (*Applausi*).

<u>Presidente Terracini</u>. Segue l'emendamento dell'onorevole Martino Gaetano così formulato:

«*Nel secondo comma sopprimere le parole*: Sono vietate le pratiche sanitarie lesive della dignità umana».

L'onorevole Martino Gaetano ha facoltà di svolgerlo.

Martino Gaetano. Per giustificare la mia richiesta di soppressione della norma con la quale vengono vietate le pratiche sanitarie lesive della dignità umana, basterà dire che questa manca di quel requisito di cristallina chiarezza che da tutti i giuristi è stato in questa Assemblea affermato come una esigenza assoluta delle norme costituzionali. Infatti che cosa vuol dire «pratiche sanitarie lesive della dignità umana»? Si potrebbero fare parecchie ipotesi; ma è meglio per brevità riferirsi senz'altro a quanto ha affermato l'onorevole Moro nella seduta della Commissione del 28 gennaio. Si tratterebbe della «sterilizzazione e di altri problemi accessori». Ma quale sterilizzazione? Sterilizzazione terapeutica, sterilizzazione profilattica sterilizzazione eugenica? Questo non si è detto da nessuno finora. Ora, chi domani volesse interpretare questa legge e tenesse presente che col suo brillante discorso introduttivo l'onorevole Tupini ebbe ad elencare tale norma fra quelle che rappresentano conquiste della democrazia cristiana in sede costituzionale, potrebbe pensare che qui si tratti della sterilizzazione profilattica ed altri problemi accessori, ai quali non può restare indifferente un partito cattolico.

Infatti la sterilizzazione profilattica, l'aborto terapeutico, le operazioni embriotomiche che, in casi per fortuna rarissimi, ammettono la nostra deontologia clinica e la nostra morale corrente, non sono ammessi in nessun modo dalla Chiesa. A questo proposito è molto esplicita la medicina pastorale. Si tratta, per esemplificare, di questo: in casi particolari una donna gravida non può essere salvata altrimenti che, per esempio, mediante l'aborto e, qualora non venisse questa operazione praticata, morrebbe la donna e morrebbe per conseguenza anche l'embrione o il feto. L'ostetrico si sente autorizzato dalla sua coscienza a praticare l'aborto, ma la Chiesa lo proibisce. *Non sunt facienda mala ut veniant bona*: si legge nella medicina pastorale. Altrettanto esplicita è pure l'Enciclica sul matrimonio cristiano di Pio XI «Casti connubi». Il contrasto è davvero insanabile; ed anche l'allocuzione recente di Pio XII (del 12 dicembre 1946) ai membri dell'Unione medico-biologica San Luca ribadisce ancora il punto di vista della Chiesa.

Io non intendo discutere qui la questione né dal punto di vista della Chiesa né dal punto di vista della deontologia clinica perché, a parer mio, si tratta di uno di quei problemi che ognuno deve risolvere secondo la propria coscienza. Non avrò nemmeno il cattivo gusto di propormi il quesito: quanti di noi sarebbero capaci di trovare in sé la forza eroica per assistere inerti alla morte inevitabile della propria moglie o della propria figlia o della propria sorella, sapendo che uno di questi interventi proibiti dalla Chiesa basterebbe a salvare con sicurezza la vita della persona amata. Non avrò questo cattivo gusto. Però un quesito mi propongo e vi sottopongo: questa Costituzione ha da servire soltanto ai credenti, anzi agli eroi della religione, o anche ai credenti tiepidi, ai non credenti, ai miscredenti, ai non cattolici? Ecco il problema.

Mi direte: ma i proponenti di questa norma non intendevano di considerare tutti questi casi; essi intendevano piuttosto riferirsi alla sterilizzazione eugenica. Ma allora bisogna dirlo chiaramente. Bisogna dire: «È vietata la sterilizzazione eugenica». Altrimenti domani chi dovrà interpretare il nostro pensiero quando noi non saremo più qui, quando non sarà più qui la Commissione e dei membri di essa non resterà che quel ricordo marmoreo che i posteri certamente vorranno loro dedicare (*Si ride*), si potrà pensare che noi ci si volesse riferire alla sterilizzazione profilattica e problemi accessori. Badate, onorevoli colleghi, che una norma simile non esiste in nessuna Costituzione del mondo, nemmeno in quella più permeata di spirito cattolico, cioè nella Costituzione irlandese, la quale comincia con l'invocazione alla SS. Trinità, «da cui discende ogni potere ed a cui sono da ricondurre, come al fine supremo, tutte le azioni degli uomini e degli Stati».

E se pure voi voleste, modificando il testo proposto dalla Commissione, vietare esplicitamente la sterilizzazione eugenica, ugualmente vi pregherei di sopprimere questa norma. La sterilizzazione eugenica è infatti contraria alla nostra morale, non è ammessa dalla nostra coscienza. È vero che essa è stata praticata in altri paesi in determinate condizioni. Ma allora, se noi dovessimo proibire quello che Hitler fece in Germania, perché non inserire pure nella Costituzione la proibizione dei campi di concentramento, delle camere a gas, dei plotoni di esecuzione per gli avversari del regime?

Credetemi, questa norma non ha senso. Se pure si voglia prevedere il caso di un dittatore che si impadronisca del potere e pensi di ricorrere, per un sogno razziale, alla sterilizzazione o ad altri crimini riprovati dalla nostra coscienza, questa norma non ha senso. Perché allora è il caso di ricordarsi delle parole di Benedetto Croce e del biglietto di Ninon de Lenclos. Niente di quello che noi ora facciamo, nessuna nostra norma costituzionale avrebbe valore qualora un pazzo criminale diventasse il dittatore della Repubblica italiana. (*Applausi*).

Presidente Terracini. Gli onorevoli Codacci Pisanelli, De Maria, Capua, Caso, Del Curto, Cotellessa hanno presentato il seguente emendamento:

«*Aggiungere il seguente comma*:

«Nessuno può disporre del proprio corpo in maniera incompatibile con la dignità umana».

De Maria. Quale firmatario chiedo di svolgere l'emendamento.

Presidente Terracini. Ne ha facoltà.

De Maria. Invero io non sono né un medio né un piccolo calibro dell'Assemblea, quindi non posso sperare che mi sia concesso di parlare a lungo. Cercherò di esser breve, nei limiti del possibile, in relazione all'importanza degli argomenti cui voglio accennare.

Fra i giornali di questa mattina ve n'era uno che annunziando l'esito della votazione di ieri sera metteva a caratteri di scatola questo titolo: «No ai clericali». Ebbene è ancora un clericale che propone alla vostra attenzione uno di quei problemi che dal lato morale e sociale hanno tanta importanza, che non dovrebbero sfuggire agli anticlericali, né trovare la loro opposizione.

E diciamo subito che tutta la nostra Costituzione, che tende tanto a valorizzare la dignità della persona umana, rimarrebbe inefficace, quasi lettera morta, se sancisse ancora, o comunque non provvedesse ad eliminare un fenomeno sociale che costituisce la più grave menomazione della persona umana e della sua dignità.

Intendo parlare alla prostituzione ufficialmente riconosciuta dallo Stato e me ne occupo come medico dal lato sanitario, accennando alle sue terribili conseguenze sociali.

Dal lato biologico la prostituzione è l'abuso dell'istinto sessuale, è il distogliere l'uso degli organi sessuali dal loro fine, anzi è il potenziare degli elementi secondari, che accompagnano quell'uso stesso, facendoli fine a se stessi.

Mentre il matrimonio risponde ai postulati biologici della riproduzione della specie, la prostituzione tradisce e rinnega questi postulati stessi. Ed a proposito di quel che si è detto del matrimonio in questi giorni, aggiungerò che dal lato biologico, le cause di infelicità e disarmonie dipendono in genere da ragioni individuali, spesso perché si giunge al matrimonio, non come a naturale meta della maturità sessuale, ma dopo una viziata e disordinata esperienza sessuale, che non trova più sufficiente soddisfazione nel matrimonio. Dal lato del problema sessuale, contro la prostituzione si pronunziano moltissimi clinici; e, per citarne qualcuno, lo Schittenhelm, professore di clinica medica all'Università di Monaco, l'Elliot, professore di clinica medica all'Università di Londra, l'Hurst, anche dell'Università di Londra, il Pilcy, professore di psichiatria all'Università di Vienna, l'Holmes, lo Walche dell'University College di Londra; per gli italiani citerò il professore Tommasi, Direttore della Clinica dermosifilopatica dell'Università di Roma, uno dei più illustri maestri in materia, ed il Flarer, Direttore della Clinica dermosifilopatica di Padova, che in questi giorni ha scritto in riviste mediche diversi articoli sull'argomento.

Dal lato sociale, la prostituzione porta alla creazione di esseri inferiori socialmente, se non fisicamente, e costituisce uno dei più tragici e desolanti aspetti della vita sessuale collettiva, dando luogo ad un vasto e stermi- [*nel resoconto mancano una o più righe*] campo d'infinite miserie. Per mille motivi non è né sarà possibile mai sopprimerla completamente; dovremmo però almeno attenuare ed eliminare alcune forme particolarmente obbrobriose e infami, vietando che essa sia quasi una professione legale. L'inganno sessuale costituisce la base biologica della prostituzione, si associa poi alle finalità venali e lucrative dell'inganno stesso. Ed è nella istituzione inammissibile delle case di tolleranza che l'uomo trova con scarso sacrificio finanziario dei surrogati amorosi (come si esprime il Flarer): sono questi i veri fattori e non ipocrite preoccupazioni sanitarie, che consentono la florida esistenza di questi istituti. Viene sancita così in forma legale una vita coatta, da cui l'essere umano non potrà più sottrarsi, vita che qualora rientri nella figura di una prestazione di lavoro, è inammissibile e indescrivibile, vita che è una forma di schiavitù.

Nel primo articolo della nostra Costituzione abbiamo sancito che la Repubblica è fondata sul lavoro e non si può ammettere che vi sia gente che, sotto forma di preteso lavoro, rinnega e vende se stessa. Viene così coperta una attività lucrativa abietta, legata a tutte le forme di delinquenza.

Sarebbe troppo lungo passare in rassegna i delitti che sono connessi a questa triste attività, da quando nel 1886 si scoprì una società segreta che compiva la tratta delle bianche in Europa, per inviarle nell'America del Sud. Da allora è stata tutta una triste serie di episodi, poco narrabili, tutta una triste serie di delitti connessi a questo fenomeno.

E questa infame tratta delle bianche si verifica ancora ai giorni nostri, praticamente con il tacito consenso dello Stato, che interviene in maniera assolutamente insufficiente.

Presidente Terracini. Onorevole De Maria, tenga presente che sono trascorsi 10 minuti.

De Maria. Cercherò di essere breve.

Presidente Terracini. Non è un tentativo, direi che è un dovere morale, in questo momento.

De Maria. Qual è l'atteggiamento sociale delle varie civiltà? A seconda delle razze e dell'educazione, si assumono atteggiamenti diversi di fronte a questo fenomeno ritenuto erroneamente inevitabile. Attualmente la prostituzione è quasi ovunque abolita.

In Inghilterra ed in Svezia non è mai esistita; la Svizzera ha abolito la prostituzione con il secondo articolo della legge federale il 30 maggio 1925; la Norvegia l'ha soppressa nel 1888; la Danimarca nel 1901; la Finlandia nel 1907; l'Olanda nel 1911; l'Estonia nel 1916; l'U.R.S.S., la Cecoslovacchia e la Polonia nel 1922; la Lettonia nel 1926; l'Ungheria nel 1928;

la Spagna (paese mediterraneo, e faccio notare ciò in rapporto a delle particolari obbiezioni che vengon fatte) ed il Belgio nel 1932; la Francia nel dicembre del 1945.

Fuori d'Europa la prostituzione è stata abolita nel Sud Africa, in Australia, nel Canada, nel Cile, negli Stati Uniti ecc.

E gli inconvenienti che si temevano, come un aumento della percentuale di malattie veneree, o un aumento di pericoli per le persone oneste, non si sono verificati (rapporto della «Commissione della Società delle Nazioni contro la tratta delle bianche» che riporta statistiche riguardanti i maggiori centri d'Europa, come Amsterdam, Anversa, Berlino ecc.). Inoltre, abolendo la prostituzione ufficiale, intendiamo contemporaneamente intensificare la profilassi contro le malattie veneree.

L'Unione internazionale contro il pericolo venereo, nell'Assemblea generale di Parigi, nel 1926, cui intervennero 21 Nazioni, contro tali malattie adottò come primo rimedio «la soppressione della regolamentazione della prostituzione» e come secondo «l'applicazione di misure dirette alla totalità della popolazione, ispirate in larghissima misura al principio della libertà individuale».

Il controllo attuale è irrisorio e purtroppo questa regolamentazione oggi più che impedire il diffondersi delle malattie veneree serve solo ad autorizzare un commercio infame.

L'unica statistica riguardo alla diffusione delle malattie veneree che abbiamo in Italia, è del 1936, pubblicata dal professore Tommasi negli Annali della Società italiana di dermatologia e sifilografia. Essa dà il numero di 800 mila luetici presenti nel Regno, con un totale di perdite umane, in rapporto alla mortalità ed alle natalità mancate per queste malattie, di 120 mila unità annue. Se poi ci riferiamo alle perdite economiche per diminuita capacità lavorativa dei malati, e per le spese che gli enti ospedalieri devono sostenere, abbiamo una cifra di 500 milioni all'anno. Questo nel 1936. Volendo fare un rapporto attuale arriviamo ad un complesso di circa 15 miliardi. Statistiche per il periodo post-bellico non ne abbiamo. Lo Stuart, capo dei servizi sanitari dell'UNRRA, ne ha pubblicate alcune, ma sono incomplete: secondo queste la percentuale di tali ammalati è aumentata da tre a quattro volte da quella che era nell'anteguerra.

Dicevo che il controllo attuale contro tali malattie è irrisorio. Noi vogliamo porre la lotta contro le malattie veneree sullo stesso piano con cui facciamo la lotta contro le altre malattie sociali.

Presidente Terracini. Onorevole De Maria, mi pare che lei esuli non solo dalla materia dell'articolo, ma anche dal testo del suo emendamento. Io la prego vivamente di volersi attenere all'articolo ed alla sua proposta e di voler concludere.

De Maria. Concludo. Non credo però di essere andato fuori argomento.

Presidente Terracini. Lei ha presentato un emendamento e deve attenersi a questo.

De Maria. Desideriamo perciò che sia praticata la reazione sierologica (Wassermann) su larga scala, particolarmente in rapporto a particolari periodi od occasioni della vita individuale e collettiva (frequenza scolastica, vita militare, matrimonio, ecc.). Inoltre desideriamo che siano aumentati i dispensari ed estese ed intensificate le cure da praticare per conto dello Stato, togliendo loro qualsiasi carattere coattivo o poliziesco e dando loro invece una vera fisionomia igienica e sanitaria.

Concludendo: in quasi tutte le nazioni di Europa, dall'estrema destra all'estrema sinistra, non esiste più la prostituzione ufficiale. In Italia essa costituisce ancora una piaga sociale e soprattutto un marchio per cui la nostra civiltà si può dire ancora arretrata di fronte ad altre nazioni.

Voglio augurarmi che la nuova Costituzione, segnando un inizio di vera vita nuova per il popolo italiano, voglia contemplare anche questo lato così grave della sua vita sociale e voglia provvedere in modo che l'Italia torni ad essere maestra di quella vita morale, che costituisce la base insurrogabile di ogni vera civiltà. (*Applausi al centro*).

Presidente Terracini. Prego la Commissione di esprimere il suo avviso sugli emendamenti svolti.

Tupini, *Presidente della prima Sottocommissione*. Onorevoli colleghi, la Commissione non ha avuto tempo né modo di consultarsi e, quindi, non sono in grado di esprimere un pensiero comune in ordine ai vari emendamenti presentati all'articolo 26.

Conseguentemente la Commissione mantiene la formula del progetto.

Farò comunque alcune osservazioni di carattere personale ai vari emendamenti. A proposito di quello dell'onorevole Caronia, io ho l'impressione che la prima parte di esso, siccome si esprime in termini alquanto più generali e quindi anche più propri per una Costituzione, possa avere la mia preferenza personale. Ma è l'Assemblea che deve votare. Per la Commissione si tiene fermo naturalmente l'articolo così come lo abbiamo presentato. Un'osservazione però devo fare, e in questo interpreto anche il pensiero dei miei colleghi: che il secondo comma dell'emendamento dell'onorevole Caronia sembra un pò troppo grave per la questione che involge, al fine di potere senz'altro addivenire ad una votazione a conclusione della discussione. In fondo qui si tratta di un problema che è di natura amministrativa; sarà da vedere domani in qual modo questo principio e queste iniziative di carattere sanitario debbano essere coordinate e come debbano essere coordinate. Anticipare fin da ora una soluzione di questo genere sembra, per lo meno, abbastanza azzardato, per cui la Commissione — e in questo siamo tutti d'accordo — sottopone all'Assemblea questo suo apprezzamento perché ne tenga il conto che meglio crederà. Del resto mi pare di aver capito, attraverso l'illustrazione che ne ha fatta l'onorevole Caronia, che egli insiste nel suo emendamento fino ad un certo punto per cui, in sede di votazione, dirà se le riserve che egli stesso ha fatto, siano tali da fargli abbandonare senz'altro questo primo comma del suo emendamento.

L'onorevole Martino Gaetano ha domandato la soppressione del comma in cui si dice che sono vietate le pratiche sanitarie lesive della dignità umana ed ha illustrato con opportune ragioni quello che è in sostanza il suo pensiero. Io mi debbo riferire a quel che ho detto da principio, cioè che noi manteniamo la nostra formula. Veda l'Assemblea quello che crederà più opportuno di fare, anche in ordine a questa proposta di soppressione dell'onorevole Martino Gaetano.

Per gli onorevoli Merighi e Camangi valgono in modo specifico le considerazioni di insieme che ho fatto a proposito delle formule che, a mio avviso, almeno in linea generale non hanno che questo valore: cioè di sostituire con una migliore espressione, con una maggiore perfezione, secondo il loro punto di vista, quella che è la formula presentata dalla Commissione.

Gli onorevoli Codacci Pisanelli e De Maria, il quale ultimo ha illustrato il comune emendamento, mi consentano di dire che il problema sollevato è un problema troppo grave perché possa essere in questo momento deciso e risoluto da un'Assemblea la quale si trova di fronte a problemi costituzionali molto più qualificati è molto più delineati. Comprendo le loro preoccupazioni; dal mio punto di vista personale le posso anche condividere; ma il fatto stesso delle ragioni da essi portate a sostegno dell'emendamento in merito anche a quello che è avvenuto in altre nazioni circa la risoluzione o meno di questo problema pone, accentua e sottolinea la gravità delle riserve che io, almeno a titolo personale, debbo fare perché un emendamento così grave possa essere risoluto dall'Assemblea in queste condizioni, e soprattutto sul terreno costituzionale.

Gli onorevoli Codacci Pisanelli e De Maria mi possono dare atto che in campo legislativo di questa materia potrà agevolmente parlarsi se e quando il problema sarà divenuto maturo e tale da imporsi alla pubblica attenzione e soprattutto all'attenzione dei legislatori. Per cui mi permetterei di dire, sempre a titolo personale, che il problema in questo momento è prematuro, e prego pertanto gli onorevoli proponenti di voler ritirare il loro emendamento.

Mi pare di avere risposto ai presentatori di tutti gli emendamenti. Se taluno fosse stato dimenticato, lo prego di segnalarmelo, affinché possa rispondere anche a lui.

Presidente Terracini. Prego gli onorevoli presentatori di emendamenti di dichiarare se li conservano. Onorevole Sullo, conserva il suo emendamento?

Sullo. Poiché la mia proposta soppressiva è stata male interpretata, pur ritenendo l'articolo inutile e superfluo, ritiro l'emendamento. Mi asterrò dalla votazione.

Tupini, *Presidente della prima Sottocommissione*. Chiedo di parlare.

Presidente Terracini. Ne ha facoltà.

Tupini, *Presidente della prima Sottocommissione*. Malgrado avessi pregato gli onorevoli colleghi dimenticati di richiamarmi a dire la mia parola in ordine a qualche emendamento da essi presentato, trovo ora che c'è quello dell'onorevole Capua, che in parte è stato inserito, nell'ultima modifica del suo emendamento, in quello dell'onorevole Caronia.

Io personalmente sono d'accordo. Non tutta la Commissione si è pronunciata a questo riguardo. Ho interpellato qualcuno dei membri della Commissione, il quale si è mostrato favorevole a questo emendamento. Io devo porre la questione in termini obiettivi; se l'onorevole Capua vi insiste, penserà l'Assemblea a dare all'emendamento quel risultato che essa riterrà più opportuno.

Presidente Terracini. Lei, onorevole Caronia, conserva il suo emendamento?

Caronia. Lo conservo e propongo che sia votato per divisione.

Presidente Terracini. Sta bene.

Onorevole Camangi, mantiene il suo emendamento?

Camangi. Lo mantengo con una modifica. Sono d'accordo circa la soppressione dell'ultima parte dell'ultimo comma: «la quale, però, mai potrà superare i limiti imposti dal rispetto della personalità umana».

Presidente Terracini. Onorevole Merighi, mantiene il suo emendamento?

Merighi. Sono disposto a rinunziarvi, associandomi all'emendamento dell'onorevole Caronia, con la riserva però che sia esclusa la parte che riguarda la reciproca fiducia fra medico ed ammalato.

Presidente Terracini. Onorevole Martino Gaetano, mantiene il suo emendamento?

Martino Gaetano. Lo mantengo.

Presidente Terracini. Onorevole Codacci Pisanelli, lei e gli altri firmatari mantengono il loro emendamento?

Codacci Pisanelli. Pur non condividendo perfettamente l'opinione dell'onorevole Tupini, giacché mi pare che in questa forma l'emendamento potesse essere introdotto nella Carta costituzionale, tanto più che in esso ci si riferisce a diversi problemi, rinunzio comunque al mio emendamento.

Presidente Terracini. Passiamo allora alla votazione dell'articolo 26. A questo articolo sono stati presentati degli emendamenti sostitutivi di tutti i commi e che, nel loro allineamento, corrispondono approssimativamente ai commi del testo proposto. Fanno eccezione gli emendamenti sostitutivi che hanno tutti un terzo comma aggiuntivo.

Prendiamo pertanto in esame il primo comma dell'articolo 26 nel testo della Commissione: «La Repubblica tutela la salute, promuove l'igiene e garantisce cure gratuite agli indigenti».

A questo testo si contrappongono quelli dell'onorevole Camangi e dell'onorevole Caronia.

Il testo dell'onorevole Camangi ha la precedenza nella votazione, come quello che più si allontana dal testo della Commissione. Ne do lettura.

*«La difesa e la cura della salute fisica dei cittadini è compito della Repubblica».*

Andreotti. Chiedo di parlare per dichiarazione di voto.

Presidente Terracini. Ne ha facoltà.

Andreotti. Dichiaro che il gruppo democristiano voterà, per questo primo comma, l'emendamento proposto dall'onorevole Caronia.

Presidente Terracini. Sta bene. Metto in votazione l'emendamento proposto dall'onorevole Camangi.

(***Non è approvato***).

Passiamo alla votazione del testo proposto dall'onorevole Caronia.

«La Repubblica tutela la salute come un fondamentale diritto dell'individuo e come un generale interesse della collettività».

Sottolineo, perché i colleghi lo abbiano presente, che in questo testo viene soppressa l'espressione del testo della Commissione: «promuove l'igiene e garantisce cure gratuite agli indigenti».

Arata. Chiedo di parlare per dichiarazione di voto.

Presidente Terracini. Ne ha facoltà.

Arata. Noi dichiariamo di votare contro l'emendamento Caronia e per il comma proposto dalla Commissione, per due ragioni: in primo luogo perché il dovere dello Stato verso la salute dei cittadini è espresso nel testo della Commissione in termini sobri, senza riferimenti particolaristici, che per se stessi diventano automaticamente limitativi, o letterari e talvolta precostituenti; in secondo luogo perché questo primo comma dell'articolo 26 sancisce appunto il dovere dello Stato di garantire le cure gratuite agli indigenti. Mi duole di non essere d'accordo con il collega Merighi su questo punto. Noi accettiamo la sua opposizione a questa frase come un augurio che nella Repubblica italiana non vi saranno prossimamente più indigenti, ma siccome per il momento vi sono degli indigenti, noi riteniamo di votare il testo della Commissione per questo dovere dello Stato di dare loro cure gratuite.

Tupini, *Presidente della prima Sottocommissione*. Chiedo di parlare.

Presidente Terracini. Ne ha facoltà.

Tupini, *Presidente della prima Sottocommissione*. Io credo che possa trovarsi un terreno d'intesa fra la formula della Commissione e la prima parte del comma proposto dall'onorevole Caronia, nel senso che potremo votare, se l'Assemblea crede, tutta la prima parte dell'emendamento Caronia, dove è detto: «La Repubblica tutela la salute come un fondamentale diritto dell'individuo e come un generale interesse della collettività», ed aggiungere quello che sta a cuore della Commissione, e credo stia a cuore dell'Assemblea, e precisamente quest'ultimo inciso dell'articolo 26: «garantisce cure gratuite agli indigenti».

In questo modo potrebbe raggiungersi l'unanimità dell'Assemblea nell'approvazione di questa prima parte dell'articolo. (*Approvazioni*).

Gronchi. Chiedo di parlare per dichiarazione di voto.

Presidente Terracini. Ne ha facoltà.

Gronchi. Noi siamo favorevoli al testo proposto dall'onorevole Caronia perché riteniamo che anche il concetto di garantire cure gratuite agli indigenti sia chiaramente incluso, quando si dice che la Repubblica tutela la salute come un fondamentale diritto dell'individuo. È evidente che ove all'individuo manchino i mezzi perché questo diritto sia riconosciuto, il concetto della cura gratuita è sufficientemente indicato e mantiene nello stesso tempo nell'articolo quel carattere normativo che è il più adatto in un articolo di Costituzione.

Caronia. Chiedo di parlare.

Presidente Terracini. Ne ha facoltà.

Caronia. Mantengo il comma nella sua dizione uniformandomi a quanto ha dichiarato in questo momento l'onorevole Gronchi, perché nel testo così come è formulato è implicita anche la cura gratuita per gli indigenti.

Presidente Terracini. Porrò in votazione la formulazione dell'onorevole Caronia accettata dalla Commissione e successivamente la seconda parte del primo comma dell'articolo 26, così come proposto ora dalla Commissione. È evidente che se non passerà la formulazione dell'onorevole Caronia, si voterà anche nella sua prima parte il primo comma dell'articolo 26.

Pongo dunque in votazione il testo formulato dall'onorevole Caronia:

*«La Repubblica tutela la salute come un fondamentale diritto dell'individuo e come un generale interesse della collettività».*

(***È approvato***).

Pongo in votazione le seguenti parole aggiuntive, che erano già contenute nel testo della Commissione e che la Commissione mantiene:

*«e garantisce cure gratuite agli indigenti».*

(***Sono approvate***).

Vi è ora la proposta di un comma aggiuntivo contenuto sia nell'emendamento dell'onorevole Caronia che nell'emendamento dell'onorevole Camangi.

L'onorevole Caronia ha proposto questa formulazione: «Lo Stato assolve tale compito attraverso istituzioni coordinate intorno ad un unico organo centrale e autonomo».

L'emendamento Camangi invece dice: «Lo Stato assolve tale compito direttamente ed attraverso gli enti locali in modo da assicurare in materia a tutti i cittadini la maggiore parità di condizioni»

Corbino. Chiedo di parlare per dichiarazione di voto.

Presidente Terracini. Ne ha facoltà.

Corbino. Sono dolente di non condividere il punto di vista dell'amico Caronia. Credo che noi non possiamo vincolare l'ordinamento sanitario del Paese per tutta la durata della Costituzione alla determinazione di un organo centrale e alla determinazione della competenza degli organi locali. In qualsiasi compito dello Stato sorge un problema di coordinamento al centro e di distribuzione capillare alla periferia. Quindi sono costretto, per la concezione che ho dell'attività dello Stato, a votare contro l'emendamento.

Gronchi. Chiedo di parlare per dichiarazione di voto.

Presidente Terracini. Ne ha facoltà.

Gronchi. L'onorevole Corbino mi ha preceduto e non ripeterò quanto egli ha detto.

Di conseguenza preghiamo l'onorevole Caronia di voler cortesemente rinunziare a questo secondo comma; e se l'onorevole Camangi insistesse nella sua proposta, noi voteremmo contro.

Caronia. Chiedo di parlare.

Presidente Terracini. Ne ha facoltà.

Caronia. A seguito delle dichiarazioni degli onorevoli Corbino e Gronchi ritiro il mio emendamento.

Presidente Terracini. E lei, onorevole Camangi?

Camangi. Lo ritiro anch'io.

Presidente Terracini. Passiamo al secondo comma del testo della Commissione:

«Nessun trattamento sanitario può essere reso obbligatorio se non per legge. Sono vietate le pratiche sanitarie lesive della dignità umana».

L'onorevole Maffi ha proposto la soppressione di questo secondo comma. Onorevole Maffi, ella mantiene il suo emendamento?

Maffi. Lo mantengo.

Presidente Terracini. Passiamo allora alla votazione della proposta dell'onorevole Maffi di sopprimere il secondo comma dell'articolo 26. Se fosse accettata questa proposta, gli emendamenti al secondo comma decadrebbero tutti.

Arata. Chiedo di parlare per dichiarazione di voto.

Presidente Terracini. Ne ha facoltà.

Arata. Noi voteremo a favore dell'emendamento Maffi per la soppressione della seconda parte dell'articolo 26. Nella frase: «Nessun trattamento sanitario può essere reso obbligatorio se non per legge», noi vediamo, oltre una superfluità, una contraddizione in termini, perché non vi può essere un trattamento sanitario che sia obbligatorio senza una legge. Se così fosse diventerebbe un reato. Quindi la dizione è superflua e contraddittoria in se stessa.

Noi votiamo l'emendamento Maffi anche per quel che riguarda la seconda parte del comma, per le ragioni illustrate dall'onorevole Martino.

Avanzini. Chiedo di parlare per dichiarazione di voto.

Presidente Terracini. Ne ha facoltà.

Avanzini. Accettiamo il terzo comma dell'emendamento Caronia e voteremo contro l'emendamento Maffi.

Maffi. Chiedo di parlare.

Presidente Terracini. Ne ha facoltà.

Maffi. Stimerei opportuno, per maggiore chiarezza, ed anche perché ognuno sia più tranquillo nella sua coscienza — pur riconoscendo che in fondo è vero che il dire «nessun trattamento può essere reso obbligatorio se non per legge» è superfluo e contraddittorio — precisare che siccome in fondo bisogna riferirsi alla realtà delle cose, e qui troppe volte ci siamo persi in parole dimenticando la realtà della vita quotidiana, non si possono dimenticare provvedimenti sanitari come la vaccinazione. L'individuo può essere sottoposto ad una vaccinazione che, per quanto egli possa esser contrario a subirla, gli viene imposta per legge. In tal caso la frase in discussione non è più impropria, e allora se vogliamo essere aderenti al concetto della vita sanitaria, bisogna che sia votata.

Si entra poi nel campo delle possibilità di abuso là dove si fa cenno alla dignità della persona umana! Date le molteplici interpretazioni, di cui ormai ognuno ha potuto farsi un'idea precisa, secondo la sua mentalità morale, religiosa e politica, io propongo che si metta prima in votazione la prima parte: «Nessun trattamento sanitario può esser reso obbligatorio se non per legge» e si metta in votazione, in un secondo tempo, il divieto delle pratiche sanitarie lesive della dignità umana.

Presidente Terracini. Onorevole Maffi, ella non mantiene, dunque, la proposta di soppressione dell'intero secondo comma?

Maffi. Riconosco che, presentando affrettatamente la mia proposta, ho commesso un errore.

La mia proposta è di votare per divisione il secondo comma.

Caronia. Chiedo di parlare.

Presidente Terracini. Ne ha facoltà

Caronia. Per quanto riguarda questo secondo comma, sono d'accordo con l'onorevole Maffi, di votare prima la prima parte, però nella formulazione da noi proposta, che ritengo più precisa di quella della Commissione:

«Nessuno può essere obbligato a un determinato trattamento sanitario, se non per disposizione di legge».

Presidente Terracini. Non c'è dubbio che il suo emendamento, onorevole Caronia, abbia la precedenza rispetto al testo della Commissione.

Tupini, *Presidente della prima Sottocommissione*. La Commissione accetta l'emendamento proposto dall'onorevole Caronia perché lo ritiene migliore nella forma.

Presidente Terracini. Siccome la Commissione ha fatto proprio il testo proposto dall'onorevole Caronia, invito l'onorevole Camangi a dichiarare se insiste nella sua formulazione.

Camangi. Non insisto.

Presidente Terracini. Pongo in votazione la prima parte dell'emendamento Caronia, accettata dalla Commissione:

> *«Nessuno può essere obbligato a un determinato trattamento sanitario, se non per disposizione di legge».*

(***È approvata***).

Vi è ora la seconda parte dell'emendamento Caronia: «la quale inoltre garentisce il rapporto di fiducia tra medico ed ammalato».

Cavallotti. Chiedo di parlare.

Presidente Terracini. Ne ha facoltà.

Cavallotti. Nel mio intervento di ieri l'altro, ho sostenuto la tesi della tutela del rapporto di fiducia fra medico e assistito, però ho abbinato a questa tesi una seconda, che non può andare disgiunta dalla prima, secondo me; e cioè l'estensione della assistenza assicurativa alle più larghe masse di lavoratori, ai lavoratori dipendenti, indipendenti e alle loro famiglie, cioè ad una percentuale della popolazione che si aggira intorno al 90 per cento.

Io intendo la tutela del rapporto di fiducia soltanto in questo senso: che, per garantire l'assistenza ad una così grande maggioranza della popolazione, occorre evidentemente anche un gran numero di medici e che fra questi medici e questi assistiti sia tutelato il rapporto di fiducia.

I due concetti non possono andare, per me, disgiunti, ma la questione dell'estensione dell'assistenza assicurativa — come ho già detto nel mio intervento — riguarda il Titolo terzo e precisamente l'articolo 34. Quindi, il gruppo comunista entrerà in discussione, a proposito della tutela del rapporto di fiducia, quando si discuterà l'articolo 34; voterà ora contro questo inciso, perché non lo trova nella sede adatta.

Leone Giovanni. Chiedo di parlare.

Presidente Terracini. Ne ha facoltà.

Leone Giovanni. Onorevole Presidente, poiché a me sembra che dalla lettura del testo definitivo dell'emendamento Caronia sia caduto un concetto che era nell'articolo 26 della formulazione iniziale ed era nel terzo comma della prima formulazione dell'emendamento Caronia pubblicato nel fascicolo a stampa, fo mio, anche a nome dei miei amici di gruppo, l'inciso finale così modificato: «la quale, però, non può violare i limiti imposti dal rispetto della personalità umana».

Presidente Terracini. Onorevole Leone, di questo emendamento ci occuperemo quando sarà messa in votazione l'ultima parte del secondo comma della Commissione, che contiene lo stesso concetto.

Caronia. Chiedo di parlare.

Presidente Terracini. Ne ha facoltà.

Caronia. Tenendo conto delle dichiarazioni dell'onorevole Cavallotti, rinuncio all'inciso del mio emendamento concernente il rapporto di fiducia tra medico e ammalato, rimandandone la discussione all'articolo 34, che anche a me pare la sede più adatta.

Presidente Terracini. L'ultima parte dell'articolo 26 proposto dalla Commissione è del seguente tenore:

«Sono vietate le pratiche sanitarie lesive della dignità umana».

L'onorevole Martino Gaetano ha proposto di sopprimere quest'ultima parte. Pongo ai voti tale proposta.

(***L'emendamento soppressivo, votato per divisione, non è approvato***).

Vi è ora la formula, che era contenuta nel primo testo dell'emendamento dell'onorevole Caronia e che l'onorevole Leone Giovanni ha fatta propria con lievi modifiche:

*«la quale, però, non può violare i limiti imposti dal rispetto della personalità umana».*

Qual è il pensiero della Commissione?

Tupini, *Presidente della prima Sottocommissione.* La Commissione è favorevole alla proposta dell'onorevole Leone Giovanni.

Presidente Terracini. Pongo allora in votazione tale formula.

(***È approvata***).

L'articolo 26 risulta nel suo complesso così formulato:

*«La Repubblica tutela la salute come un fondamentale diritto dell'individuo e come un generale interesse della collettività, e garantisce cure gratuite agli indigenti.*

*«Nessuno può essere obbligato ad un determinato trattamento sanitario se non per disposizione di legge, la quale però non può violare i limiti imposti dal rispetto della personalità umana».*

**Testo coordinato dal Comitato di redazione prima della votazione finale in Assemblea, distribuito ai Deputati il 20 dicembre 1947 e approvato dall'Assemblea Costituente il 22 dicembre 1947.**

Art. 32.

La Repubblica tutela la salute come fondamentale diritto dell'individuo e interesse della collettività, e garantisce cure gratuite agli indigenti.

Nessuno può essere obbligato a un determinato trattamento sanitario se non per disposizione di legge. La legge non può in nessun caso violare i limiti imposti dal rispetto della persona umana.

# *Bibiografia di riferimento*


Ardigò A. (1997), *Società e salute*, FrancoAngeli, Milano.

Ardigò A. (2006), *Famiglia solidarietà e nuovo welfare*, FrancoAngeli, Milano.

Barile P. (1987), *Istituzioni di diritto pubblico*, Cedam, Padova.

Beck U. (2006), *La società del rischio: verso una seconda modernità*, Carocci, Roma.

Beck U. (2008), *Costruire la propria vita*, il Mulino, Bologna.

Beck U. (2013), *La società del rischio*, Carocci, Roma.

Bertin G. (2012), "Modelli di welfare e sistemi sanitari: quali omogeneità e specificità?" in Foglietta F., Toniolo F. (a cura di), *Nuovi modelli di governance e integrazione socio-sanitaria*, «Salute e Società», 1:33-64.

Bissolo G., Fazzi L. (a cura di) (2005), *Costruire l'integrazione sociosanitaria*, Roma, Carocci.

Blane D., Brunner E., Wilkinson R. (1996), *Health and social organization*, Routledge, Oxford.

Borgonovi E. (2013), Obiettivo sostenibilità, «*Mecoson*», 86:3.

Buchanan J., Congleton R.D. (2002), *Politics by principle not interest: towards non discriminatory democracy*, Cambridge, CUP.

Carrin G., Mathauer I, Xu K., Evans D. (2008), *Universal coverage of health services: tailoring its implementation*, «Bull World Health Organization», 86(11): 857-63.

Castelli A., Culyer A. (2003), *Rationing health care in Europe*, Dept. of Economics, Univ. of York.

Cipolla C. (2009), *Darwin e Dunant. Dalla vittoria del più forte alla sopravvivenza del più debole?*, FrancoAngeli, Milano.

Clemente C. (2012), *Welfare e sistemi integrati di salute*, Kurumuny, Lecce.

Clemente C. (a cura di) (2010), *La salute tra assetti sociali e organizzazioni sanitarie*, Milano, FrancoAngeli.

Combrinck L., Graham M.D. (1985), *A development model for family system*, «Family Process», 24.

Conrad P. (2009), *Le mutevoli spinte alla medicalizzazione*, «Salute e Società», 2.

Corposanto C., Fazzi L., Scaglia A. (a cura di) (2002), *Costruire piani di salute*, Milano, FrancoAngeli.

Corsi V. (2013), "Federalismo o stato regionale? Autonomie locali e servizi sociali". In (a cura di) Clemente C., Guzzo P.P., *I sistemi sociosanitari regionali tra innovazioni e spendibilità*, Cacucci, Bari.
Costituzione della Repubblica Italiana (1946,1947), Lavori preparatori dell'Assemblea Costituente. Vol. I, Sedute dal 25 giugno 1946 al 16 aprile 1947. Vol. II, Sedute dal 17 aprile 1947 al 19 maggio 1947. Camera dei Deputati – Segretariato Generale.
Dewilde C. (2003), *A life course perspective on social exclusion and poverty*, «British Journal of Sociology», 54.
Donati P. (a cura di) (2011), *Verso una società sussidiaria*, Bononia University Press, Bologna.
Durkheim E. (1963), *Le regole del metodo sociologico*, ed. Comunità, Milano.
Durkheim E. (1987), *Il suicidio*, Rizzoli, Milano.
Elia E. (2004), "Comunicare la salute", in Cipolla C. (a cura di), *Manuale di Sociologia della salute Vol. I Teoria*, FrancoAngeli, Milano.
EPC (2018), *The impact of ageing on public expenditure: projections for the EU25 member states on pension, health care, education and unemployment transfers* (2016-2050).
EuroHealthNet (2006), *Position paper on tackling inequalities*, Brussels.
Evans R. (1994), *Why are some people healthy and others not? The determinants of health populations*, De Gruyter, New York.
Ferrera M. (2007), *Trent'anni dopo, Il welfare state europeo tra crisi e trasformazione*, «Stato e Mercato», 81 (3):341-375.
Ferrera, M. (1993), *Modelli di solidarietà*, il Mulino, Bologna.
Ferrera, M. (2000), *Integrazione europea e sovranità sociale dello stato-nazione: dilemmi e prospettive*, «Rivista italiana di scienza politica», XXX, n. 3:393-422.
Freud S. (1980), *Complete works*, vol. 2, Boringhieri, Torino.
Giarelli G. (2003), *Il malessere della medicina. Un confronto internazionale*, FrancoAngeli, Milano.
Giarelli G. (2010), "Narrare la pratica medica: una prospettiva fenomenologica-ermeneutica" in Cipriani R. (a cura di), *Narrative Based Medicine: una critica*, «Salute e Società», FrancoAngeli, Milano
Giddens A. (1997), Oltre la destra e la sinistra, il Mulino, Bologna.
Giddens A. (2007), *L'Europa nell'età globale*, Laterza, Roma-Bari.
Good. B.J., (1999), *Narrare la medicina*, Edizioni di Comunità, Torino.
Habermas J. (2014), *Nella spirale tecnocratica. Un'arringa perla solidarietà europea*, Laterza, Bari.
Ignatieff M. (1990), *The needs of strangers*, Hogart Press, London.
Illich I. (1976), *Nemesi medica. L'espropriazione della salute*, Emme Edizioni, Milano.
Jaspers K. (1991), *Il medico nell'età della tecnica*, Cortina, Milano.
Kleinman A. (1988), *The Illness Narratives: Suffering, Healing, and the Human Condition*, Basic Books, New York.
Leonard P. (1997), *Postmodern welfare: reconstructing an emancipatory project*, London, Sage.
Lütz M. (2008), *Il piacere della vita*, S. Paolo Edizioni, Padova.

Maggian R. (2001), *Il sistema integrato dell'assistenza. Guida alla legge 328/2000*, Roma, Carocci.

Marmot M., Wilkinson R. (2006), *I determinanti sociali della salute. I fatti concreti*, Provincia autonoma di Trento, Trento.

Matera E., Baglio G. (2013), *Sanità pubblica ecologica*, Saluteinternazionale.info. Ultimo accesso 20 marzo 2020.

Maturo A. (2012), *La società bionica. Saremo sempre più belli, felici, felici e artificiali?*, FrancoAngeli, Milano.

McKee M., Stuckler D. (2011), *The assault on universalism*, «BMJ» 343: 1314-1317.

Meulen R.T., Art W., Muffels R. ( 2001), *Solidarity in health and social care in Europe*, P&M, 69, Kluwer Academic publishers, The Netherlands.

Mills Wright C. (1959), *The sociological imagination*, Oxford University press, Oxford.

Moro A. (1947), *Discorsi parlamentari 1947-1963*. Vol. 1, Camera dei Deputati, Seduta del 13 Marzo 1947: 2.

OMS (1986), *The Ottawa charter for health promotion*, Geneva.

OMS (1999), *Health 21. The health for all policy for the WHO European Region*, Copenhagen.

OMS (2006), "A discussion paper on European strategies for tackling social inequities in health", in Dahlgren G., Whitehead M., *Studies on social and economic determinants of population health*, No. 3.

Parsons T. (1978), "Health and disease: a sociological and action perspective", in *Action theory and the Human condition*, Free Press, New York.

Parsons T.(1996), *Il sistema sociale*, Edizioni di Comunità, Milano.

Pollock A.M., Macfarlane A, Godden S. (2012), *Dismantling the signposts to public health? NHS data under the Health and Social Care Act 2012*, «BMJ»; 344:2364.

Popenoe D. (1998), *Disturbing the Nest*, Aldine de Gruyter, New York.

Putnam R.D. (1993), *Making democracy work. Civic traditions in modern Italy*, Princeton University Press.

WCED (1987), Rapporto Brundtland.

Rizza S. (2002), Il Terzo Settore nella società civile, «*Sociologia*», 2:41-52.

Rodger J. (2000), *From a welfare state to a welfare society: policy in a postmodern era*, Macmillan Press LTD, London.

Streeck W. (2000), *Il modello sociale europeo: dalla redistribuzione alla solidarietà competitiva*, «Stato e mercato», XXI, n. 58:3-24.

Touraine A. (2008), *La globalizzazione e la fine del sociale. Per comprendere il mondo contemporaneo*, Il Saggiatore, Milano.

UN-WHA (2011), *64th Assembly*, 16-24 May 2011, Geneva.

Von Hayek F. (2008), *L'abuso della ragione*, traduzione di Renato Pavetto, Rubbettino editore.

Wilkinson R.G. (1999), *The society and population health reader*, New Press, New York.

Zuboff S., Maxim J. (2002), *The support economy*, New York, Viking.

## *Appendice. I padri costituenti che hanno partecipato alla costruzione dell'Art. 32*

Arata Giuseppe, Gragnano Trebbiense (1901-1990), è stato un avvocato e politico italiano del Partito socialista.

Calamandrei Piero, Firenze (1889-1956), è stato avvocato, accademico e politico italiano, nonché uno dei fondatori del Partito d'Azione, poi Partito socialdemocratico.

Camangi Ludovico, Sora (1903-1976), è stato un ingegnere e politico italiano del Partito repubblicano.

Cavallotti Alberto Mario, Perugia (1907-1994), è stato un medico e politico italiano del Partito comunista.

Corbino Epicarmo, Augusta (1890-1984), è stato economista, ufficiale e politico italiano del Partito liberale.

Corsanego Camillo, Genova (1891-1963), è stato un avvocato e politico italiano del Partito democratico cristiano.

Damiani Ugo, Accumoli (1899-1992), è stato un funzionario e politico italiano del Movimento Unionista Italiano.

De Maria Beniamino, Galatina (1911-1994), è stato medico, insegnante e politico del Partito democratico cristiano.

Ghidini Gustavo, Soragna (1875-1965), è stato un avvocato e politico italiano del Partito socialista italiano.

Giua Michele, Castelsardo (1889-1966), è stato un chimico, accademico e politico italiano del Gruppo socialista.

Grassi Giuseppe, Lecce (1883-1950), è stato avvocato, saggista italiano e politico del Gruppo Unione democratica, poi Partito liberale.

Gronchi Giovanni, Pontedera (1887-1978), è stato un politico italiano, terzo Presidente della Repubblica Italiana del Partito democratico cristiano.

Gullo Fausto, Catanzaro (1887-1974), è stato un politico italiano del Partito comunista, soprannominato *Ministro dei contadini* per il suo impegno a favore della riforma agraria in contrasto al latifondismo.

Leone Giovanni, Napoli (1908-2001), è stato avvocato, giurista e accademico italiano del Partito democratico cristiano. Sesto presidente della Repubblica italiana.

Lucifero Roberto d'Aprigliano, Roma (1903-1993), è stato un partigiano, avvocato, giornalista e politico italiano del Gruppo nazionale della libertà, poi Partito liberale.

Maffi Fabrizio, San Zenone al Po (1868-1955) è stato un politico italiano del Partito comunista italiano.

Martino Gaetano, Messina (1900-1967) è stato un accademico, Rettore e politico italiano del Partito liberale. Presidente del Parlamento Europeo nel 1962.

Merighi Mario, Viterbo (1876-1970), è stato un medico e politico italiano del Partito socialista.

Moro Aldo Romeo Luigi, Maglie (1916-1978), è stato un accademico, giurista e politico italiano del Partito Democratico cristiano.

Nitti Francesco Saverio Vincenzo de Paola, Melfi (1868-1953), è stato un economista, saggista e politico antifascista italiano dell'Unione democratica.

Nobile Umberto, Lauro (1885-1978), è stato un generale, esploratore, ingegnere, accademico e politico italiano del Partito comunista.

Orlando Vittorio Emanuele, Palermo (1860-1952), è stato un giurista, docente e politico italiano dell'Unione democratica nazionale.

Spallicci Aldo, Santa Maria Nuova (1886-1973), è stato un medico, poeta e politico italiano del Partito repubblicano.

Sullo Fiorentino, Paternopoli (1921-2000), è stato un politico italiano del Partito Democratico cristiano.

Tupini Umberto, Roma (1889-1973), è stato un avvocato e politico italiano del Partito Democratico cristiano.

*Benessere tecnologia società*
diretta da A. Maturo

*Ultimi volumi pubblicati:*

FERNANDO ROSA, ALESSANDRA PARODI, *Essere in una pandemia.* Filosofia, medicina e Covid-19 (disponibile anche in e-book).

ALBERTO ARDISSONE, *Tecnopazienti: il diabete tra autogestione e digitalizzazione* (E-book).

ELEONORA ROSSERO, *Anticorpi anarchici.* Narrazioni di malattia autoimmune (E-book).

ANNA ROSA FAVRETTO, ANTONIO MATURO, STEFANO TOMELLERI (a cura di), *L'impatto sociale del Covid-19* (disponibile anche in e-book).

MARIO CARDANO, MICHELE CIOFFI, ALICE SCAVARDA, *Dislessia all'università: il caso dell'ateneo torinese* (disponibile anche in e-book).

SERENA BARELLO, ANTONIO MATURO (a cura di), *La tripla elica: etica, engagement, equità.* Il paziente tra autonomia e giustizia sociale (disponibile anche in e-book).

VERONICA MORETTI, *Sociologia del paziente.* Diseguaglianze sociali, salute digitale e nuove forme di partecipazione in sanità (disponibile anche in e-book).

VERONICA MORETTI, BARBARA MORSELLO (a cura di), *Interferenze digitali.* Prospettive sociologiche su tecnologie, biomedicina e identità di genere (disponibile anche in e-book).

GUIDO GIARELLI, VITO GIOVANNETTI (a cura di), *Il Servizio Sanitario Nazionale italiano in prospettiva europea.* Un'analisi comparata.

GUIDO GIARELLI, SEBASTIANO PORCU (a cura di), *Long-Term Care e non-autosufficienza.* Questioni teoriche, metodologiche e politico-organizzative (disponibile anche in e-book).

ALBERTO ARDISSONE, *L'uso delle tecnologie in sanità.* Il punto di vista del paziente cronico (disponibile anche in e-book).

CHIARA PATTARO, CLAUDIO RIVA, CHIARA TOSOLINI, *Sguardi digitali.* Studenti, docenti e nuovi media (E-book).